芸能マネージャーが自分の半生をつぶやいてみたら

株式会社 TopCoat 著

CONTENTS

005 ［はじめに］ 木村佳乃

015 ［マネージャーの仕事］ 佐々木希 松坂桃李

037 ［実録！ 現場マネージャー談1］ G（女性・20代）×S（女性・30代）×N（女性・30代） I（女性・30代）×F（女性・20代） F（女性・30代）×Y（女性・30代）

085 ［マネージャーの存在］ 菅田将暉

101 ［実録！ 現場マネージャー談2］ Y（女性・30代）×T（男性・20代） I（女性・40代）×T（女性・30代）

139 ［マネージャーと私］ 萩原利久

杉野遥亮
夏子

【チーフマネージャー列伝】 175
Y（男性・40代）
K（女性・30代）
M（男性・30代）
N（女性・40代）

【マネージャーの意】 273
TAKAHIRO
中村倫也

【オンリーワンのマネージャーへ】 297
取締役 Y

【おわりに】 317
代表取締役 渡邊万由美

はじめに

木村佳乃

ある女性との出会い

マネージャーという仕事に、みなさんはどんなイメージを持たれているでしょうか。朝から晩まで働きづめで休日もないハードな仕事？　いつもにこにこと愛想のいい女優さんが実はイジワルで、控室に入った途端にペットボトルを投げつけてきたりしてこき使われていそう、とか？　ちょっとイメージが昭和のそれになっている気もしますが、不規則で休みの予定も立てられず、ただただハードそう…。そんな認識が、今も昔もあるようです。

確かに、例えば女性のマネージャーが結婚して出産し、子どもが小さいうちは色々と大変な面もあるでしょう。でも撮影現場に付いているマネージャーには女の人も多いですし、女性社長の芸能事務所もたくさんあります。表に立つ人達は、俳優であろうとミュージシャンであろうと、マネージャーを必要としているものです。

私自身に関して言えば、全ては、ひとりの女性との出会いから始まりました。

高校を卒業したら、好きな仕事をしていい――。結局大学には行きましたが、それが両親の教育方針でした。映画やドラマを観たり、小説を読むのが大好きだった私は、女優になりたいという思いを抱いていました。けれど父親はサラリーマンで、芸能界とは無関係の家庭。私自身、幼い頃はテレビを見るのも一日30分と決められ、高校では馬術部の活動に没頭していたこともあって、芸能界に詳しい訳でもありませんでした。そこで知人から紹介されたのが、のちにトップコートを作ることになる渡邊万由美さんだったのです。

当時、万由美さんはある女性アナウンサーのお手伝いをされていました。その方が突然に、番組を降板することになったのです。その理由が個人的なものだったので、万由美さんは各方面にお詫びにいく必要がありました。大学生だった私は夏休みに入っていて、「ついてくる?」なんて言われ、テレビ局や広告代理店に同行しました。それはまだマネジメントと呼べる段階でもなんでもない、社会科見学のようなものです。

ところがその時、たまたまNHKの方に声をかけられました。「君はどこの事務所の人? オーディションを受けてみない?」と。急転直下、そのオーディションを経て、主演を務めさせていただいたのが、『元気をあげる~救命救急医物語~』(1996年)。私のデビュー作になりました。以来ずっと、万由美さんとの二人三脚が続いています。

新人マネージャーと新人タレントの二人三脚

「この小説がとっても面白かった!」「あの監督はスゴイなぁ」「先日見たドラマが素敵で」、自分が触れた作品について話すのは楽しいです。万由美さんとはその頃、毎日一緒にいたこともあって、沢山おしゃべりしました。好きな作品の傾向や演じてみたい役について熱心に説明していたようなもので、それはつまり女優としての夢を語っていたことになります。女優の仕事は、プライベートとの線引きが難しいところがありますから、色々と相談もしていました。心配させるようなことは言いたくないですけど、本当に、なんでも。そんな私のとりとめのない話を、万由美さんはいつでも一生懸命に聞いてくれました。

「大人」は本音と建て前でモノを言う——。まだ19歳だった私は、そんなこともわかっていませんでした。学校の先生以外で初めて接した「大人」が万由美さんだったと言っても過言ではありません。仕事を始めたばかりの若い女優に心ない言葉をぶつける大人もいて、悲しい思いをすることもありましたが、そうした話も全て聞いてくれました。万由美さんは、とにかく優しいのです。

それに、「こういうことをしてはいけません」「あれをやってはダメ」などと、価値観や考え方を押しつけられたこともありません。そもそも私は両親から、「大人になったら好きなことをしていいけど、人様に迷惑をかけてはいけない」と言われて育ちました。自分で責任を取れることだけをする、そんな教えを受けた自分に、そうした関係性は居心地のいいものでした。万由美さんもマネージャーとしての経験があった訳ではありませんから、二人で切磋琢磨してきたと言えるかもしれません。

一方、マネージャーとしては、とてもガッツのある人です。人間誰しも、「こういうことを言うと嫌われちゃうかしら?」と気になるものです。ところが彼女は、人にどう思われるか? なんて全然気にしない。それよりも自分がやりたいこと、見据えた目標に向かってまっすぐ突き進むのです。華奢で小柄なのにすごいなぁ、格好いい! そう思っていました。それでいて口が堅く、調子のいい人では全くないので、タレントやスタッフから信頼されています。

スタートは倉庫のようなスペースに、電話がひとつあるだけのオフィスでした。そこから今のような芸能事務所へと成長していった訳です。実力主義ではありますが誠実な会社で、誰かを踏みつけてでも前に出ようとするタイプの事務所ではありません。万由美さんと私の関係性も、19歳の頃からずっと同じ。家族のようで、身内みたいな感覚は変わらないです。今もかなり忙しそうですけど、健康で長生きしてほしいなぁ…なんて思うのです。

マネージャーの意見を聞きたい

そもそも、マネージャーにはどんな資質が必要なのでしょう？　マネージャーという仕事をやったことがないので本当のところはわかりません。でもマネージャーに限らず、その仕事が最初から向いている人なんていないと思います。仕事をしていくうちに、良き方向へと〝向いていく〟。経験を重ね、いぶし銀のように味わいが出てきて、その人自身の人生経験とあいまって段々と良くなる。そんな気がします。

ですから大事なのは、マネージャーをやりたい！　という気持ちではないでしょうか。世の中の人の心を捉え、時代を作り上げるアーティストを育ててみたい――。その志が一番に思えます。

それでいてマネージャーという仕事には、こうでなくてはならないという決まりはありません。他社の方を含めて沢山のマネージャーを見てきましたが、まさに十人十色。仕事のやり方はそれぞれで、

木村佳乃

みなさん全然違います。敵を作りながらもアーティストを守って突き進む人、周囲と仲良くなっていつの間にかアーティストを前に出している人。正解はありません。だからこそ難しいのでしょう。

私で言うと、黙ってそこにいると眠たくなっちゃう人間で！「佳乃ちゃんの楽屋はいつも笑い声が響いていて、楽しそうだよね」なんて言われてしまうのですが、いつでも周りの人とわぁわぁ言い合い、きゃっきゃっと笑っています。楽しくなければいけないと思っている訳でもなく、読んだ小説のことや観た映画やドラマのこと、スポーツの面白さ、興味の対象は多岐にわたっていて、それらについておしゃべりするのが今でも趣味のようなものだから、自然と賑やかになってしまうのだと思います。

それに私は、ひとりでどんどん進んでいってしまうタイプでもあります。だからこそ、マネージャーにはその先を行ってほしい。先に進んだその先から、やるべきことを振ってもらい、「これを私に⁉」と驚かされたい。意外なことが、予想もしていなかった方向から飛んできたら、やっぱり嬉しいものです。どれほど突拍子もないものに思えてもすぐに否定はせず、まずは一度前向きに考えます。だって、そのほうが楽しいですから。

突っ走ってしまいがちなことを自覚しているので、何かを決断する時も、これどう思う？と周囲に必ず聞きます。自分ひとりで決めることはありません。自分の狭い了見で行動していても、女優としての活動に広がりは出ないでしょう。私は人の意見を聞きたいと思っているのです。

表裏一体の関係

お芝居の仕事って不思議です。ＣＤの売り上げなどで数字として結果が出るミュージシャンや、ハッキリと勝敗がつくスポーツ選手とは違っていて、「あの声が苦手だから」と観てもらえないこともあるし、好き嫌いに左右される部分が大きいものです。関わった作品がヒットしたのかしなかったのか？　映画の興行成績やドラマの視聴率がどれくらいなら喜ぶべきで、どれくらいなら反省する必要があるのか？　正直わかりません。ましてや出来た作品には実際に演じていた時の記憶があまりに詰まっていて、とても冷静には観られない。自分の演技が良かったか悪かったのかなんて、わかりようもないでしょう。

だからこそ、どこまでいっても自分は現場の人間だなあと思うのです。俳優なんてひとりでは何も出来ませんから、スタッフと一緒に頑張ることが出来たか？　撮影現場が如何に充実していたか？　それが大事。そうして完成した作品が後に評価され、賞を頂いたりした時、マネージャーと喜びを分かち合う。マネージャーが喜んでくれているのを見るのは、自分でやった！　と思うよりもずっと嬉しいものです。

もちろん実際に演じたのは俳優であっても、その作品を選び、仕事として持ってきて、それを最後までまっとうさせてくれるための実務を担うのは、他でもないマネージャーです。だから両者はまさに表と裏、表裏一体の関係。しかもマネージャーはひとりで何人ものアーティストを見る訳ですから、実は彼、彼女のほうがクリエイティブと言えるかもしれません。３人のアーティストを担当すれば、彼らに

木村佳乃

向けたアンテナの張り方も3通りあるはず。忙しいのも当然に思えます。

求む！　感覚を共有出来るマネージャー

女優・木村佳乃について、世間の方はどんなイメージを抱かれているでしょうか。明るい人？　ぴりっとしたところのある怖い人？　もちろん、色々なイメージを持っていただいていい。マネージャーと一緒に作ってきたそうしたイメージを、いつでも裏切りたいと思っています。けれど私ひとりでそれはなしえません。多くの知恵が必要です。自分が関わった作品のエンドロールを観ながら、いつも思います。「木村佳乃」という名前には、チーフマネージャーも現場マネージャーの名前も入っている。その作品に映し出された演技は、決して私ひとりで成し遂げたものではないのです。

これから私も、確実に年齢を重ねていきます。若さに固執するやり方もあるでしょうが、私はそこに興味がありません。50歳を迎えて50歳の役を演じた時、35歳に見えてしまったらそれは失敗でしょう。大先輩である女優さんの演技を観て、改めてそう思いました。確かに皺はあるし、若い頃のような肌の張りは失われているかもしれません。でも本当にキレイ。ノーメイクの場面でも、その美しさに見とれてしまいます。ハリウッドの女優さんでも年齢相応に年を重ね、顔に刻まれた皺を不自然に隠そうとしない人もいます。それでいて同性が見ても、色っぽいと思える。私自身、これからはそんな女優を目指していきたいと思っています。

それもやっぱり、一人ではなしえません。そうした感覚を共有出来る、マネージャーがどうしても必要なのです。器用とは言えない私に、セルフマネジメントが出来るとは思えません。誰かにマネジメントされていないとダメな人間です。だから心から思います。マネージャーになりたいと思う人がもっともっと増えたらいいのに！

でも、いったいどんな人達がマネージャーになっているのだろう？　どうやってこの世界に飛び込んだのだろう？　この本では、そのリアルをお届けします。どんなハウツー本より、マネージャーに興味ある方々の参考書になる気がしています。だから私自身も、最後まで楽しみに読むつもりです。

木村佳乃

マネージャーの仕事

佐々木希
松坂桃李

佐々木希

■始まりは、30分の楽しい雑談

デビューのきっかけは、地元の秋田で、あるコミック誌の方にスカウトしていただいたことでした。雑誌に掲載されたその写真を見たいくつかの芸能事務所が連絡をくださって。そのうちの数社が編集部に集まり、2日に分けて1社30分ずつ、順に面談していただきました。

私は17歳で全くの素人。ずっと秋田に住んでいましたし、この業界がどういうものかもわからないままで。なかにはちょっと堅苦しい方、いかにも業界風の方もいて「ウチに入ればこんな仕事をしてもらいます」「とても高級な家に住むことが出来ます」と具体的に提案していただけたものの、そこがどういう芸能事務所なのか？ 何もわからないままに30分過ぎるのがほとんどでした。

トップコートからは万由美さんを含む4人がいらして、「これがウチで作っているグッズなの」なんて話を、テーブルの上に広げながら説明してくださって。面談というよりは楽しい雑談、30分があっという間でよく笑ったのを覚えています。

「他の事務所とは違って、とってもアットホームだな」

それで最終的に、トップコートに決めさせていただきました。入所してからもその印象は変わらず、表に出る側とマネージャーらスタッフと、密にコミュニケーションを取りながら仕事をしていくスタイル

佐々木希

は今に至るまで続いています。

■「目先の仕事には振り回されない」

マネージャーには方言を直すところからテーブルマナーまで、全てをイチから教育してもらいました。例えば遅刻してしまった時に、「1分遅れただけなのに」と思っていると、心の中を覗かれているかのように「1分でもダメ。遅刻は遅刻!」と厳しく教えられました。マネージャーからは、人としての基本を学ばせてもらいました。何度も叱られましたが、今となってはなんて沢山の愛情を頂いたのだと思えます。

こんなこともありました。当時はモデルの仕事もやらせていただいたのですが、雑誌の撮影では周りに何人ものモデルさんがいる中、次々に着替えていく必要があります。衣装を着て、撮影して、別の衣装に替えて、また撮影して。大体のモデルさんは、撮影を終えたら脱いだ服をポンと置き、次の衣装に着替えてバタバタと撮影に行きます。私も、みんながそうしているのだからそういうものだろうと、同じように脱いだ衣装をそのへんに置きっぱなしにしていました。すると、「あなたはそんなことをしちゃダメ。どれだけ沢山の服を着ても、脱いだらちゃんとスタイリストに手で渡しなさい。あなたは、周りの人とは違うのだから」と厳しく諭されました。

またこんなこともありました。10代の頃、周りの同年代の子が「大きな仕事が決まった!」と喜んでいるのを聞いて、確かな成果を出していなかった私は複雑な心境になっていました。いいなあ! とうらやましく思ったり、まあ仕方ないか…と落ち込んだり。するとマネージャーが「私達はそこを狙っていないの。目先の仕事には振り回されない。全国規模で自社ブランドの製品を販売する広告主、ナショナルクライアントを絶対にやらせるから！」と。本当にそんな仕事を頂けるのかしら？ そう思っていましたが、マネージャーの言葉を信じて、お仕事をしていって。気づけば1年後にはそうした会社ばかり、10数社ものＣＭをやらせていただくようになっていました。

「あの時のマネージャーの言葉は本当だった…！」

言われた時はなんのことかさっぱりわかりませんでしたが、マネージャーが「目先の仕事には振り回されない」と言っていた、その真の意味がわかったのです。

■大事なのは、まず自分を知ること

20代前半の頃になると、知らない間に、目の前にやらなければならない仕事が沢山あるという状況になっていました。すると今度は忙し過ぎて眠る時間も確保出来ない日々が続き、自分は今どこにいるのだろう？ そんな状態に陥りました。精神的に余裕がなくなって、やがて自分を見失い、殻に閉じこもってしまったのです。

若さ故の至らなさといえばそれまでなのですが、当時は仕事が増えたことを素直に有難いと思えなくなっていました。事務所の方が頑張ってくれた結果なのは確かで、しかもそういう中でも私と丁寧にやりとりしてくれていたのに、自分でも気づかないうちに、完全なキャパオーバーになっていたようでした。

そんな頃、自分の中でどこか後ろ向きだった仕事の日が来ました。ところがその最中で過呼吸気味になり、ぱた～ん！ とその場に倒れ込んでしまったのです。すると現場マネージャーの女の子が駆け込んできて、我が子のようにしばらく私を抱きしめてくれて。それでようやく落ち着いて呼吸が出来るようになりました。

当時は自分が何をどうすればいいのか全然わからないし、今の自分がどういう感情に支配されていて、どんな状態なのかもわかっていませんでした。それで知らない間に倒れてしまった。改めて仕事の量とかその中身とか、なんでもかんでもをマネージャーや事務所にただ任せてしまうのは良くないなと。まずは私自身が、自分のことを知らなければ何も始まらない。そうでなければ、周りもどう対応していいのかわかりませんから。

今となっては、そんな風に思います。

■もし彼女がいなかったら

当時の現場マネージャーは同年代の女の子でした。彼女がいなかったら、この仕事を続けることは出来なかったと思います。体調に関することはもちろん、メンタル面でもかなり、むしろメンタルに関して色々とケアしてくれました。若い頃というのは誰しもそうかもしれませんが、強がってはいても中身は弱いもの。私はまさに、そんな子で。仕事以外でも話したくなって電話してしまうなんてしょっちゅう。夜ご飯を一緒に食べにいったり、相当に近い関係性だったと思います。

彼女がチーフマネージャーになってからも繋がりは続きます。現場では会わなくなりますが、何かあった時に相談したり、わからないことを教えてくれたり、私の仕事に関する全てを判断してくれるのは彼女です。様々な角度からいつでも的確な意見をくれるので、しょっちゅう会わなくなっても近くに感じる存在なのは変わりません。

実は今度、社内の異動で彼女とは別のチーフと組むことになりました。衝撃でした。でも、デビューからずっと担当が変わらないほうが珍しく、いつかこういう日がくるだろうとは頭の隅で思っていました。だから今は、全てをプラスに考えています。別に事務所を移る訳ではないし、会いたければすぐ会える距離にいて、なんならいつでも電話出来ますから。寂しいのは確かですが、大丈夫！　変化を楽しんでいこうと思えるようになりました。

■現場マネージャーに求めるもの

映画やドラマの撮影に入ると、マネージャーとは家族よりも長い時間を過ごします。単純に、撮影は拘束時間が長いからです。だからこそ現場マネージャーは、一緒に頑張ろう！　と思える人がいい。どんなこともマイナスに捉えず、プラス思考で頑張れる人が。

現場が続けば、どうしたって体力は失われます。でも疲れたからと重い空気をまとってしまうと、それは周りの人に伝染していく。殻に閉じこもっていた頃は重い空気を発してしまい、私がそうなると、

佐々木希

現場の空気まで暗くなってしまうことを学びました。ですから忙しさやスケジュールの厳しさ、それさえプラスに考えられること、それを自分の中でどう捉えるかが大事だなと。

他社のマネージャーでも明るい人、気さくな人とは気づけば仲良くなったりしています。作品に入れば四六時中一緒ですから、名前や顔を覚えるし、自然と「あのマネージャー、素敵よね」と他所でも言いたくなるくらい。反対に、後ろ向きな人や悪口ばかりを言う人に近づこうとは思いません。プラス思考で楽しい人、キャラの立った人はいいなって思います。

しゃべり方や見た目に関しての清潔感も大事です。あと、嘘をついたらダメです。失敗は誰もがするもので、全くしないなんてほうがおかしい。失敗したら素直に、「すみません、間違えました」と、それでいい。次から気を付ければいいだけの話です。でもその失敗を隠そうとすると、そこから色々とこじれていく気がします。嘘を隠すために、更に嘘をつかなきゃいけなくなる。その人の信頼も、危うくなります。すると周りがそれをどう思うか以前に、本人がつらくなっていくでしょう。どんどん嘘をついて、本人も何がなんだかよくわからなくなってしまうと思うのです。

空気を読む力も大事です。現場マネージャーは特にそう。いくら気さくな人がいいと言っても、例えば私が台本を読み込んで集中している時に沢山しゃべりかけられると、こちらも気まずくなってしまいます。そうした空気を読む力ってイコール、優しさでもあるのかなと思ったりします。自分本位に考えてしまって、忘れてしまうから今言いたいではなく、相手のタイミングを推し量る。人と人が仕事をするのですから、お互いに気持ち良くやりたい。私自身、マネージャーに対してはそうした心持ちで接したいと思いながら過ごしています。「今大丈夫？」と一言伝えるとか、察するとか。それは、どんなお仕事にも通じることかもしれません。

空気を読む力があり、優しくて、人の喜びを自分のものと感じられる。そんな人はマネージャーに向いていると思います。自分に余裕がないと人のことを素直に喜べないでしょうから、マネージャーもまずは自身を理解する必要があるかもしれません。その上で、実際の仕事では考えることが沢山あるし、気を遣うし、大変です。私には務まらないなと心から思います。

■アーティストとマネージャーの関係

知り合いに、こんな相談をされました。とても仲の良い人から、「ちょっと迎えに来て」とか「これやっといて」となんでもお願いされてしまって、ちょっと困っているというのです。

「もし私なら、仲が良い人になんでもお願いするかしら？」

そう考えた時、逆かもしれないなと。私の場合、ここぞという時に頼ってくれるのはもちろん嬉しい。細々とした相談も、してくれていい。でも大事な人であるなら余計に、その人を困らせたくはない。仲の良い人に、あまりお願いごとをしたくはないです。そう考えるのは若い頃から事務所に、「自分でやれることはやりなさい」と教えられてきたことが影響しているかもしれません。

そこから、マネージャーとアーティストの関係性について考えが及びました。ひょっとしたらマネージャーというのは、アーティストのサポートを全てやる、なんでもかんでもやってあげていると思っている人がいるかもしれないなと。「ちょっとこれやっといて！」と上司が部下に命令する、そんな関係性だと思われているかも？　と。

でも、それは違うと思うのです。現場マネージャーでもスタッフでも、何かをお願いする時は「これをやっておいていただけると嬉しい」とお伺いを立てる。そんな風にいつでも、相手への敬意をきちんと持っていなきゃいけない。だってそういう人達がいるからこそ、アーティストは輝けるものだと思うから。そんなことを、改めて考えさせられました。

■チーフマネージャーについて

どういう仕事をしていきたいか、どんな役をやりたいか？　また私という人生の中で、例えば子どもを産んだことによって、働き方は変化していきます。そうしたことはチーフマネージャーと密に、沢山話し合います。時には、こういう役をやったらいいのでは？　という提案もあって。それが自分では想像もしていなかったものでも、チーフを信頼しているから、挑戦しよう！　と思える。そうした提案をしてもらえること自体がとても嬉しいことです。

チーフマネージャーは担当するアーティスト、部下にあたる現場マネージャー、全てに関して判断をしなければいけない訳です。なんて責任重大で荷が重いのだろう…疲れないのかな？　と心配になります。でも大抵のチーフは大して寝なくてもやりぬくだけのガッツとやる気があるし、コミュニケーション能力に長け、表に出る人のメンタルを支え、精神的安定を与えてくれる優しさがある。しかもクリエイティブでありながら、スケジュールも組めるんですから！　チーフマネージャーが務まる人は、どんな仕事でも成功する気がします。

例えばウチのチーフには〝愛され力〟があります。チーフですからいつでも現場にいる訳ではないのですが、「〇〇さん元気ですか？」と初めて会う人に声をかけられたりするのです。さすがだな、本人がいなくても盛り上がるだなんて、と思うくらい。そもそも彼女が好かれていなければ、そんな話にはならないはずです。でも、そうして彼女とのエピソードで会話が弾むと、こちらまで楽しくなってきます。まさに〝愛され力〟です。

あのコミュニケーション技術は勉強して身に付けたのか？　いえ、彼女は今よりずっと若い頃からそうでした。なんとも可愛げがあるのです。美味しいものを食べた時なんて、本当に美味しそうな顔をします。私の息子のことに関してまで、全力で喜んでくれたりしますから。

狙っていた仕事が決まった時ももちろん嬉しそうです。彼女が親しくしているスタッフと私の仕事が実現したり、人と人が繋がった時は特にそう。それでいて、自分の手柄としてひけらかすことはありません。彼女から発せられるのはプラスな言葉ばかり。ネガティブなことがあっても、「××なんですよ〜もぉ！」と笑いながら言うような人です。

人をハッピーにさせる力がある。身内を褒めるようですが、マネージャーのかがみだと思います。

佐々木希

■とにかくガッツが必要⁉

担当に付くアーティストによって、準備すべきことの内容は変わります。その人に関することをリサーチし、例えば過去の出演作を観たりしてくれたら嬉しい。もしホラー映画が好きな人なら、怖いかもしれないけど沢山観ておいて、ふとした時にホラー談義が出来たら、自分の好きなことを調べてくれたのだ！　と、その努力にきっと愛情を感じます。距離が縮まるきっかけになるかもしれません。とはいえマネージャーの仕事に正解なんてないし、必要な技術も明確ではない部分が多いです。だからこそ、前のめりで頑張っている子を見たら可愛いな、応援したいなと思えます。

そういう意味では、ガッツがあればいいのかも。それでキャラが立っていて、何かひとつでも得意なことがあって、とにかく現場を一緒に頑張ります！　という気持ちでいてくれたら。こちらも、そういう若い人の目線から学ぶことは絶対にあるはずです。スポーツでもデザインでもなんでもいい。夢中になったものがある人は、一緒にいて楽しいものです。

■必ず、心躍る瞬間がある

マネージャーって楽しそう！　少しでもそんな気持ちがあるなら、是非挑戦してみてほしい。この仕事には次から次へと新しい現場が無限にあります。映像もあれば舞台もあって、雑誌なら数時間、広告なら数日単位で、作品に関わるメンバーはガラッと変わります。異なるジャンルの、全然違う種類のプロの方とご一緒することになる。もちろん同じことをコツコツとやり続ける仕事も素晴らしいですが、それとは違う魅力が確かにあって、飽きることがないはずです。変化出来るし、進化出来る。ずっとワクワクするに違いありません。

仕事だからつらいことは絶対にあるでしょう。でもエンタメの世界というのは私達の活動に触れて「勇気をもらえました！」なんて言ってもらえたりする。それが、自分自身の活力になります。マネージャーもきっとそう。アーティストとの、そのアーティストを応援してくださるファンの方との相乗効果が起きて、心躍る瞬間が必ずあるはずです。

晴れてマネージャーになった暁には、少しでも楽しいと思うなら是非続けてほしい。絶対に人間力が身に付くし、「石の上にも3年」と言いますが、3年続けられたらまた違う景色が見られるはず。とても夢のある仕事なのは間違いないと思うのです。

佐々木希

松坂桃李

■現場マネージャーについて考える

自分が現場マネージャーに求めることってなんだろう？ 改めて考えたら、それは喜怒哀楽を共有出来ること、つまりは共感かもしれません。年齢的にも30歳を超えていますし、撮影現場でスケジュールがどんな風に進んでいるのか？ ある程度は自分でわかります。だから、例えば現場へ向かう車中でマネージャーと、「今日は役所広司さんと1対1のシーンですよね、緊張しますね…」とか、帰りに「さっきのシーンは素晴らしかったですね！」というやりとりが出来るといいなと思うのです。そういう雑談が出来たら、心も和らいでリラックス出来るでしょう。重要なシーンの前に僕が緊張してちょっと無口になるとか、問いかけられたことへの返事が上の空になってしまうことはあるかもしれません。でも基本的に、撮影現場でもしゃべりかけられても意外と大丈夫なほうだと思います。

現場のスタッフと、コミュニケーションが取れることも重要です。仕事をする上で必要なやりとりだけでなく、助監督や他のアーティストのマネージャーとおしゃべりすることで、現場マネージャーその人を認知してもらえるかもしれない。もしかしたらそれが、次の何かに繋がる可能性だってあるはずです。やはりコミュニケーション能力は、高いに越したことはないのです。

今、入社して1年半くらいの現場マネージャーが付いてくれていますが、「報連相」にミスがなく、優秀だなと。俳優に対しても、上司へ現場のことを報告するにもそう。現場での佇まいも物おじしていません。普通なら現場で、芸能人がいっぱいいる！　と浮ついてしまいそうですがそんな様子もなく、肝が据わっています。

現場マネージャーというのはチーフ、更にその上の役職に付くための過程の段階にいる人とも言えます。どんな気持ちで現場にいるのでしょう？　自分がしたいことを模索している最中？　まだマネージャーとして働き始めたばかりで、朝は早いし、スケジュールが突然ころっと変わる時もあって目の前のことに追われているとか？　担当するアーティストが、いつか自分の好きな監督と組んでほしいと思っているのかも？　そこはちょっと気になります。

■変化していくチーフとの関係性

チーフマネージャーとの関係を考えた時、俳優としての自分が目指すもの、その方向性が合致していることが大事です。例えばバジェット（予算）の大きい作品が好みの人とミニシアター系の作品が好きな人とでは、意見がなかなか交わらないかもしれません。するとそこをなんとか、すり合わせる必要が出てくるでしょう。

僕の場合は今のチーフと、「最近、何を観ました？」という会話を定期的にします。チーフは現場にいつも来る訳ではないので、毎日会う訳でもなくて。たまに会った時にそうした会話を交わすことで、その時どきのマインドがなんとなくわかるのです。

『侍戦隊シンケンジャー』(2009年〜2010年)が半年過ぎた辺りから担当してもらっていますが、当初は「次はこの作品をやってください」「次はこれです」と、提示されたものにひたすら取り組んでいました。まだ新人なのだから、まずは言われたことに黙って従うべき。実力もなく、功績も残していないのにあれこれいうのはどこか間違っている気がする――。自分の中でも、そうした考えが腑に落ちました。それに対して誰かの影響を受けた、借り物の言葉で何か言うのは違うだろうと。

つまりは僕自身が自分の好みや、どんな作品をやっていきたいか、その方向性がまだ固まっていなかったのです。そこから沢山の現場を経て、様々な監督、色々な役を経験しながら、徐々に徐々に自分というものがわかっていきました。

そうして5〜6年ほど経つと、出演作を決めるためにチーフとの話し合いの場が設けられ、「こういう作品があります。松坂君はどう思いますか?」と意見を聞いてもらえるようになりました。もちろん出演作を決める過程では、「この作品はちょっとやれません」「いや、この作品は絶対にやったほうがいい」などとぶつかることもたまにはあるし、「少し休みが欲しいです…」とお願いすることもあります。でも、これからはこういう作品をやっていきたい! という方向性に関して、チーフと僕の考えは交わることが多いのです。

だから今現在も、こうして二人三脚が出来ているのだと思います。

松坂桃李

■目標を実現させるための計画

「来年から再来年の頭ぐらいまではどうしますか？」という仕事の内容についての話し合いは、年に2〜3回です。「去年は重い作品が続いたので、今年はハートフルなもの、楽しいものをやりたい」、そんな大まかな話からスタートし、段々とその年の作品の色のようなものが決まっていきます。

そうした話をするのに、どれだけ様々な作品を観ているかが大事になります。今のチーフは僕よりも色々な作品を観ているし、とても詳しいです。すると例えば「やりたいのは、こういう作品」と言った時、似たような作品を提示してもらえます。それが出来るのは映画やドラマ、舞台に関する引き出しがあればこそ。イコール、どれだけ色々な作品をジャンルを問わずに観られるか？　その幅の広さがモノを言います。

「恋愛モノはあまり好きじゃない」「任侠モノはあまり観たことがない」と誰でも好みはあるものですが、ウチのチーフは気づいたら韓国ドラマにハマって膨大な数の作品を観ていたりする。そうして観てきた作品を一度自分の中に入れ、的確な言葉で人に伝えることが出来るかどうか。そうした能力に長けていると、そこから仕事の話も上手く膨らんでいきます。

例えばいつかご一緒したい監督がいるとします。いきなり直談判しても、実現するのは難しいでしょう。その監督が持つ作家性が、俳優として自分がこれまでやってきた作品とはかけ離れたものであったらどうするか？　まず、その監督の作家性に近いと思える作品に挑戦します。それは、「松坂桃李はこういう作品もやります！」という名刺代わりのようなものです。そうして最終的にご一緒したい監督に焦点を合わせ、その目標を見据えて、「まずはこの作品とこの作品をやりましょう」などと計画を立てていく。

チーフって、まさに軍師のようです。そのもとで戦場に向かうのが現場マネージャーで、戦地で実際に戦うのが我々俳優、なのかもしれません。

■なぜマネージャーを目指すのか？

転職してきた現場マネージャーが「トップコートはアットホームな気がして」「俳優に付いてみたいと純粋に思ったから」と話していました。それを聞いて、そもそもマネージャーを目指す理由とはなんなのだろう？　と、ふと疑問が浮かびました。

チーフの仕事ぶりを見ていると、ああ確かにこれは面白いだろうと思えます。ある目標に至るまでにどんなプロセスを積み上げ、どうクリアしていくか？　頭の中でシミュレーションを重ねるのは、まるでパズルをはめていく感覚に近いのかなと。そこには、マネージャーならではの達成感がありそうです。

しかもその目標を自分自身ではなく、アーティストを通して実現させる訳です。そこには陰の立役者としての美学があるのかもしれません。輝いているのはあの人だけど、照明を当てているのは自分だから！　というような。そうした美学にはとても興味があります。もしかしたら映画やドラマのプロデューサーや脚本家、監督と、作品づくりに携わる人の面白みはそうしたところにもあるかもしれません。

例えば僕がマネージャーという立場にあって、トップコートへ新たに15歳の男の子が入ってきたとします。それで「この子を担当してください」と言われたら、まずは朝ドラを目指そう！　そんな具体的なところから目標を立てます。もしそれが叶った時はきっと嬉しいだろうと思うのです。そこにいくまでにマネージャーに求められるものはコミュニケーション能力、映画やドラマの知識、コネクションと沢山あります。そのどれを、どのタイミングで活かすか？　非常に繊細で奥深く、きっと楽しい仕事だろうなと。

俳優の立場で言うと、『孤狼の血』（２０１８年）で日本アカデミー賞最優秀助演男優賞を頂いた時、チーフと喜びを分かち合えたのは本当に嬉しかったです。チーフと一緒に全力で走った結果、ようやくそこに結びついた。二人で成し遂げた！　そんな瞬間でもあって。それもひとつ、喜びという感情を共有した出来事でした。

■現場とチーフ、凄腕な人

他社でも現場マネージャーにもお会いするので、某女優さんの現場マネージャーは佇まいが素敵だな…と思ったりしました。動きに無駄がないんです。また、あるアイドルグループを担当されている方は音楽、芝居、ニュース番組と様々なジャンルの現場を経験しているからなのか、もう怖いものなし！　という感じで。常に冷静であって、あらゆることを把握されているように見えました。いずれにしても、無駄な動きはしないというのが肝かもしれません。

チーフマネージャーについてなら、例えばウチのチーフは、仕事に対する貪欲さが際立っています。トップコートに来る以前からマネージャー業に携わってきて、長いキャリアを積んでいます。それでも尚、全く満足した様子はありません。仕事への飽くなき探求心は、傍で見ていても底知れないものがあります。常に新しいものを模索していて、後輩である若い現場マネージャー達も追い付けないのでは!?と思うくらいです。本当に、すごいパワー。例えば韓国ドラマにハマって膨大な作品を観たら、今度は韓国の作り手の方といかにコネクションを作ろうかと考える。そうしたことを自分の中で、純粋に楽しい！と変換しているように見えます。それはなかなか真似出来ないことだろうなと思うのです。

■マネージャー採用の面接官になるなら？

「好きな作品はなんですか？」と、まずは好みを知りたいです。それで「日本で好きな役者はいますか？」「ハリウッドでは？」と聞くと、なんとなくわかってきそうです。僕が知りたいのは、そうした好みでしかないかもしれません。そもそも面接のような場で、その人の人間性まではなかなかわからないと思うんです。多分、一緒に働いてみないと本当のところはわからない。だからせめて、その人の好みくらいは把握しておきたいなと。

性格的なことでいうと、なんでも聞いてくれる人がいい。「これってどういうことですか？」「こういう場合は、どうすればいいですか？」と質問してくれれば、こちらも何がわからないかを知ることが出来て教えやすくなります。すると遠慮してただ黙っているより、その人も早く現場に慣れ、成長出来る気がします。とはいえ教えるのが苦手な人もいるでしょうから、そこはアーティストの性格によるかもしれません。

現場マネージャーにはコミュニケーション能力が高く、視野が広く、空気が読める人が向いているでしょうが、彼らのゴールはそこではないはずです。その先、チーフになってからの話をするなら、裏で誰かを支えたい人、自分のもとで誰かをビッグにさせたい！という欲がある人。担当するアーティストが大きい作品で主演を務め、作品のオープニングで最初にぽんっと名前がクレジット表記されたり、主演した舞台のカーテンコールで、真ん中に立って頭を下げているのを観て、「この人、私が担当してます！」という喜びを感じるとか。そうしたことでやりがいを感じられる人は、きっとマネージャーに向いています。軍師となってアーティストを支える。そう聞くと「じゃあいいや…」と思ってしまう人もいるかもしれません。でも、支える仕事なのは確かなのです。

■これからマネージャーを目指す人へ

現場を何かにたとえるなら、現場マネージャーは毎日が旅のようなものです。作品にもよりますが、3ヵ月に一度は現場が変わり、様々な場所を渡り歩きます。実際に海外でロケをすることもありますし、本物の旅好きにも楽しい！と思える要素があるとも言えます。スタッフやキャストなど出会う人の数も多く、その「旅」ごとに様々な学びがある仕事でもあって、そこはチーフも同じかもしれません。「旅」によって価値観が変わる体験をするかもしれないし、そうして自分の引き出しがどんどん増えていく楽しさを味わえる仕事だと思います。

　これからこの仕事を目指す人は、現実的なことでいうと、車の免許は取っておいたほうがいいと思います。あと1日に1本でもいいので、映画やドラマを観る習慣をつけておく。それだけで、何もしていない人との差は随分と大きくなるはずです。それ以外のことは、実際に働き始めてから考えればいい気がします。あとから、どうにでもなりますから。

　具体的に就職のために動こうとするなら、まずは興味ある芸能事務所の情報を集めてみるといいかもしれません。どんなアーティストが所属しているか？　それを知るだけでも、事務所のカラーが見えてきます。一口に芸能事務所といってもモデル事務所、歌手や芸人の事務所と種類が沢山あって、それぞれに個性も強いものです。マネージャーというカテゴリーで括られるとしても、仕事の内容もスタンスもがらりと違いますから。

　俳優のマネージャーの場合、チーフとは二人三脚。家族よりも一緒にいる時間が長く、ビジネスにおいての大切なパートナーです。もし興味を持ったら、門を叩いてもらえると嬉しい。トップコートはアットホームな事務所です。是非一緒に、色々な「旅」をしましょう。

実録! 現場マネージャー談

1

G(女性・20代) × S(女性・30代) × N(女性・30代)

I(女性・30代) × F(女性・20代)

F(女性・30代) × Y(女性・30代)

[現場マネージャー] G(女性・20代)×S(女性・30代)×N(女性・30代)

私たちのルーツ

運動少女と文系少女

N　活発で、運動大好き！　な少女でした。休み時間は外に出てドッジボールをし、土日は小学生の時からソフトボールクラブに入っていたので、ソフトボールをして。だからテレビもあまり観ていなかったですし、休みの日に映画を観に行くこともなく、エンタメには無関心でした。

G　私も同じタイプでした。小学生の頃は、それこそ毎日ドッジボールをしていて真っ黒に日焼けしていました。夏も冬も半袖、ではありませんでしたが男子とも対等に遊ぶような、とにかく活発な子で。でも意外と恥ずかしがり屋でもあって、それは今でもそうかもしれません。表に立って何かをするのはあまり得意ではなかったです。

S　私は全然活発なタイプではなかったですね。よく図書室へ通っていて、小学校6年間で沢山の本を借りた人ランキングでは、学校で一番になったくらい。

G・N　それはすごい。

S　本を読んだり作文を書くのが好きだったんです。でも体育はまるっきりダメでした。授業でバレーボールをやるにも、誰も私と同じチームになりたがらないくらいに下手。ドッジボールもずっと外野にいましたね。

N　ドラマや映画を観始めたのはいつだろう？　中3とか高校生だったかもしれないです。それまではバラエティをよく観ていました。『水10！ワンナイR&R』『はねるのトびら』『めちゃ×2イケてるッ！』とか。

G　懐かしいな。私も似たような感じでしたけど、もっとエンタメに関心がなかったかもしれません。当時人気だったドラマやバラエティは見ていましたが、特に好きで見ていた訳ではなくて。学校から帰ってきてご飯を食べ、時間があるからテレビをつけるとそれがやっていて。「ああ面白いな…」と見続けただけ。読書も全然しないし、とにかく体育がずっとオール10、という感じでした。

S　想像出来ますね。体育祭では大活躍だったんじゃないですか？

G　あ、そうです！　スポーツ大会は大好きで。エンタメの勉強をし始めたのは、トップコートに入ってから。スタートが遅いのです。だから毎日が勉強と壁。それでも、マネージャーの仕事にのめり込んでいきました。

記憶に残る両親の教え

S　母が、若い頃に山口百恵さんの追っかけをしていたんです。実家には百恵さんのレアアイテムがいっぱい眠っています。それで幼い頃から、エンタメが身近にありました。ドラマ『3年B組金八先生』も家族みんなが大好きで、本棚には第一シリーズからのビデオがずらっと並んでいます。私も『金八先生』に出演したくて、何度かオーディションを受けに行きました。

N　私はマネージャーになるまで、オーディションがあること自体を知りませんでした。

G　私は自由に育てられましたね、門限もなかったですし。父に怒られたことは一度もなく、怒られるとしたらいつも母からでした。陽気な母ですがとても真面目でもあって、テスト期間中に遊びに行くと、これでもか！ というくらいに叱られました。その時のことは今でも忘れられません。

N　私も叱られるのは「ご飯をちゃんと食べなさい」「ご飯粒を残しちゃダメ」と、そのくらいで。優しい両親でした。

S　私はわりと厳しく育てられたかもしれないです。「99点は0点と同じ、あと1点はどうしたの？」と言われたりして。

N　私なんて、99点が取れなかったです（笑）。褒められた記憶があまりないんです。でもそれが今の自分、小さいことが気になったりちょっと完璧主義なところに繋がっているかもしれません。両親が私のことを褒めているのは、人伝に聞く。

G　会社の上司みたいですね！

S　褒めて伸ばす育て方じゃなかったんでしょうね。おかげで負けず嫌いに育ちました。

マネージャーに至る道

きっかけのひとつはDVD特典

G　これは大きい、ターニングポイントの話ですね。

N　私のきっかけは完全にPerfumeさんでした。高校生の頃、大好きで、LIVEツアーは全部行きます！ というくらいに追いかけていました。それであるDVD特典に、マネージャーが映っていたんです。私は当時、芸能マネージャーという職業自体を知らなくて。「芸能人とこんなに近くで仕事をする人が⁉」「絶対にマネージャーになりたい！」と思ったんです。Perfumeさんを好きになっていなかったら、マネージャーになりたいとは思っていなかったかもしれません。

S　Perfumeさんに伝えたいですね！

N　そんな、おこがましいです…。それで音楽業界を目指して芸能事務所を受けたのですが全然ダメで。音楽業界でなくてもいいから入社出来るところを探そう、そこから次に繋げていけばいい、最初はそんな感じでした。

G　私はずっと運動が得意で、小中と陸上をやっていて。ただ中学で陸上部に入ると、上下関係が発生しますよね。それが向いてなくて、中1で辞めたんです。

N　意外です！

G　後輩って、先輩のものを片づけないといけなかったりしますよね。でも「近くにいるなら自分でやればいいのに」と思ってしまって。陸上は好きでしたが、そうやって無理に気を遣うのがしんどくなってしまい辞めました。そこからダンスを中1から始めて、高校卒業後は、東京にあるダンスの専門学校に行きました。ダンスって両面があります。ダンスグループやソロなら、表ですよね。でもバックダンサーというのは、ある意味で裏方です。表にも見えるけど、アーティストをバックアップするためにいるから裏方といえば裏方。その中で私は、自分が表に立つのが性格的に向きませんでした。ダンスでもバックダンサーに憧れを持っていて、どうしてもバックに行ってしまいがちで。レッスンを受けるにも前に行かず、いちばん後ろで受けるとか。表に立つことに、自分が！という積極性がありませんでした。それで「やっぱり自分には裏方が合うのかもしれない」とダンスをやりながら気づいたのです。

N　ダンスをやっている方は、ぐいぐい前に行く積極的な方が多い印象でした！

G　実際にそういう人が多いんですけど、「なんか怖い…。ちょっと苦手だな」と思ってしまって。地元の静岡から東京に出てくると、やっぱり都会の人は全然性格が違うように思えました。今思えば、勝手にイメージを膨らませて怯えていただけなんですけど。

S　前に出たいタイプの人が多かったんですね。

G　そうですね。でも自分はそうはなれない、やっぱりダメかもしれない…と。あとNさんの話にも通じますが、ダンスを始めた中学生の頃から

ＢｏＡさんが好きで。ＤＶＤ特典を観て、表に立つ人ではなく、それを支える人達に憧れを抱きました。スターを輝かせているのは周りの方達の支えがあってこそなんだな、格好いい！　と。

Ｎ　周りにいるのはどういう人なのだろう？　と思いますよね。

Ｇ　そうですね、その場にいてみたいというか。元々、表に立つ人になれるとは思わないところからスタートしているのかもしれません。ダンスの専門学校は２年制でしたが、卒業してから、就職どうしよう？　と思い、１年ほどフリーターをしていました。そうしたら友達が芸能人のマネージャーをやり始めた、と別の友達から聞いて。あーあそういう仕事があるんだ！　と二十歳くらいで気づいたんです。そういうことをやってみたいと何社か履歴書を送り、いちばん早く決まったのがＮさんと同じ会社でした。

Ｎ　トップコートの前も、同じ会社だったんです。

表がダメなら、裏方で！

Ｓ　私の場合は表の舞台に立ちたかったんですよね。きっかけはやっぱり母だと思います。タレント養成所に４年ほど通ったんですが、当時その養成所は15歳で芽が出なかったら卒業と決まっていて。私は飛躍することが出来ずに、15歳で養成所を退所しました。周りの友達よりも少し早く、社会の厳しさや、努力しても叶わない夢があることを知って。人生で初めての挫折を経験しました。

Ｎ　つらい…。

Ｓ　いちばん応援してくれていた母を悲しませてしまったし、やっぱりなんとしてでも芸能界で仕事がしたい。表が無理なら裏方として、どんなカタチでも、芸能界で働くことが両親への恩返しになると思っていて。

Ｇ　大人ですね。

Ｎ　全然ミーハーな考えじゃない。

S　でも一口に芸能界といっても、色々な仕事がありますよね。読み書きが好きなら脚本家や作家の道を目指すべきか? テレビやドラマが好きなら制作の道なのか? でもやっぱり自分の原点は養成所だったんです。最初に就職したのは、子役養成所の運営会社でした。

トップコートとの出合い

養成所のスタッフ、CM制作会社を経て

S　数年間養成所のスタッフを経験して、改めて子役業界の厳しさを痛感しました。本当に一握りの世界なのだと。そこからCMの制作会社に転職をして、経理デスクをやっていました。自分の強みになるものが欲しくて、資格を取って。でも年齢的にもひとつの節目を迎えて、芸能界での仕事にまだ未練があることに気づきました。そんな時、日本アカデミー賞授賞式をテレビで観ていたんです。2019年、松坂(桃李)が最優秀助演男優賞を受賞した年です。その時のインタビューで「(受賞した)この気持ちを誰に伝えたいですか?」という質問に対して、松坂が「マネージャーさん、やりました! ありがとう!」と、画面に映っていない人に視線を向けて言ったんです。その松坂の表情にすごく感動して、涙が出てしまって。「松坂桃李をこんな顔にさせる人って、どんな人なのだろう?」と、その視線の先のマネージャーに興味を持ちました。もうその週にはトップコートに履歴書を書いていましたね。履歴書って志望動機の欄が小さいんです。とても収まりきらないので、A4の紙にびっしりとあの時の感動を書きました。

N　熱量が高いっ!

S　面接の時、目の前にいる人がまさにそのマネージャーとは知らず、「あのマネージャーさんの下で働きたいんです!」と熱く語り、採用していただきました。今もそのチーフの下で働いていま

す。

G　タイミングが良過ぎますよね。ちょうどチーフがデスクを探していた時でもあって。たまたまSさんが応募してきたんですよね。

S　翌年の日本アカデミー賞で、松坂が『新聞記者』で最優秀主演男優賞を受賞した時はとても感慨深かったです。最初の感動から1年、トップコートの一員になって一緒に喜ぶことが出来ていることに。

N　すごいですよね。

S　私はデスク入社なんですが、チーフから「担当を持ってみない？」と言われて、担当したのが中川（翼）と大西（利空）です。私も幼い頃に芸能活動をした経験があるからこそ、彼らのすごさがわかるし、尊敬しています。15歳って、全然子どもじゃないんですよね。色々なことを考えているし、悩んでいる。私もそうだったので。彼らの担当になれたことには意味があるなと思います。

前職は、モデル中心の芸能事務所

G　そんな話を聞くと、自分がこの会社を選んだ理由が浅はかに思えます（笑）。

N　私もです（笑）。前の事務所で俳優を担当させてもらい、俳優がメインの事務所に行きたいと転職を考えていた時に、「そういえばGさんがトップコートだったような。連絡してみよう！」と。

G　そこからが早かったですよね。

S　会社もちょうどマネージャーを募集している時でした。私達が入社した後に『プロフェッショナル仕事の流儀』が放送され、履歴書が殺到したんですよね。入社の倍率が、ぐん！と上がって。

N　応募したのが放送前だったので、本当にタイミングが良かったです！

G　私はマネージャーになるきっかけ作りとして入った会社は1年で辞め、次を探さなきゃなと、とりあえず事務所名を知っているところに履歴書を送ったなか、たまたまトップコートに入社出来ました。特に俳優のマネージャーになりたかった訳では全くなく、最初は、「ちょっと違ったかも？」と思ってしまったくらいで。

S 想像よりも大変だったからですか？

G そうです。1社目はモデルさんが多くて。マネージャーといっても、ジャンルによって職種が違うくらいに業務内容が違います。俳優のマネージャーは本を読まなきゃいけないし、ドラマや映画も観なきゃいけない。勉強することがとにかく多いことに、入社してから気づきました。それで「しまった！」と。でもどんどんその面白さに気づき、今に至ります。

N 面白かったですか？

G エンタメに関しての知識はほぼゼロから始まったので学ぶことが多く、出来なかったことが出来るようになる喜びや知識が増えていく楽しさがあります。知らなかった世界をゼロから知っていくのは得るものしかありませんから。

マネジメントのいろは

チーフの作戦に乗る

N チーフから助言をもらいながら現場をがむしゃらにやっていると、知らないうちにマネージャーとして必要なものが身に付いていると感じることが多いんです。ひとつの作品が終わったあと、次の作品でそれが活きる、それがどんどん蓄積していっているというか。

S 特に松坂、菅田（将暉）は作品数も多いですからね。振り返ったり、予習や復習をする時間もないというか。

N 常に走り続けていて、その間に身に付いている。

S 体が覚えていくんでしょうね。

N それがチーフの作戦かも？ 少しずつ知恵を入れていって、あとから「あ…自分はこんなことが出来るんだ！」と気づく。いつ覚えたかはわからないことが多いです。

G　マネージャーの本質は…、と考えていくと、やっぱり若手を担当したくなります。若手の場合は自分が繋いだ仕事だったり、オーディション情報の獲得もそうですが、とにかくチャンスを与えていかなければならないと思っています。それで現場に同行するより、営業にシフトして。それこそ過去の現場で知り合ったプロデューサー達の人脈を活かして動いています。

S　松坂、菅田の現場にいると、色々な方と出会えますもんね。そこで出会った方に若手を営業して…と考えると、新入社員のうちから忙しいアーティストの現場に行くってとてもいい作戦かも。

G　そうなんですよ！

N　走っているだけかと思ったら色々な人と知り合い、物事に対処する能力も身に付いていた。

G　まんまとチーフが敷いてくれたレールに乗っています（笑）。

アーティストとの距離感

正解のない永遠のテーマ

S　距離感の測り方はきっと、人によって違いますよね。

N　マネージャーによっても、アーティストによっても。

G　正解がないから難しいですよね。でも前の担当からの引き継ぎで、まずはどういう人なのかを聞くようにしています。性格を理解することから始めますね。ここから踏み込んだら嫌なんだろうなというのが伝わってくる人、逆にそういう壁があまりない人もいますし。現場への送迎の車内で、質問をすると答えがひとつしか返ってこない場合、そこから会話を広げていいのかも悩んでしまったり。真逆に、会話がどんどん広がっていく人もいます。私は相手によって自分のテンションを変えています。

N　気になったことは、良いことも悪いことも直接そ

S　の場で本人に言ってくださる方もいて、それは温度感がわかってむしろ有難いです。

G　本人との距離感って、マネージャーがどの段階からその人に関わったかにもよりますよね。

N　確かにそれはかなり大きいと思います。

S　前に担当していた人の影響もあります。前任者が距離の近い人だったりすると、次に自分が急に距離を空けたら、「なんだろうこの人？」となるだろうし。

G　永遠のテーマですね。

S　近ければいいというものでもないし、コツはない気がします。

N　アーティストに対してだけでなく、社内の同僚に対しても距離の取り方って難しい。

S　現場で他社のマネージャーを見ていても、アーティストと友達みたいに話す方もいるし、お互いに敬語で話す方もいて。様々ですよね。私は松坂とチーフのやり取りが面白くて好きです。

N　親子みたいで。

S　二人三脚感がありますよね。チーフが最初の頃から担当だったのも大きいだろうし、松坂のチーフへの信頼も伝わります。たまに小競り合いをしているのも、まるで親子ゲンカのようで、周りのスタッフもみんな笑っています。

G　確かに、相性が良いですよね。お互いに、求めるものが合致している気がします。

断片で全体を判断しない

N　普段から、なるべく周りの人を傷つけない言動を取ろうと心掛けています。アーティストに対しても、スタッフに対しても。現場の人に嫌な思いをしてほしくないですし、そこは気を付けます。どうしても腹が立つことはありますけど、現場の雰囲気を良くしたいという思いがいちばん大きいです。

G　大事ですよね。

S　私は自分が見た断片だけで全てを判断するの

は止めようと思っています。毎日色々なこと、時には理不尽なことだってありますが、仕事ですから。出来るだけ良いところを見よう、そういう割り切り方を意識しています。

G　普段から気を付けていることなのですが、アーティストからの質問に対して絶対に「わからないです」とは言わないように。質問されそうなことを事前に想像しておくようにしています。CMの現場でも、香盤表を見なくてもいいように、全ての流れを頭に入れます。その日の撮影のスケジュール感、細かいところまで資料を読み込んで。そこもアーティストによって、撮影までに準備をちゃんとするからこそ質問が多い人と、逆に何も把握してなくても器用に出来てしまう人といて。

N　大雑把か几帳面かでも全然違うし、本当にタイプは色々ですよね。

色々あります、失敗談

接触事故のコンプリート

G　色々なジャンルで沢山の失敗がありますが、運転することが多いので、まず私の場合、車の前後左右の四方向、全部をぶつけました。また現場中に駐禁が重なったこともあり、一度免停になってしまったこともありました…。

S　ある種のコンプリートですね。

G　決して自慢出来ることではありませんが(笑)。あとチーフに指示されたことをそのまま相手に伝えてしまって、先方からクレームが入ったことがありました。現場マネージャーである私の立場で言うと生意気だし、失礼にあたると反省しました。

S　言葉の選び方やタイミングって大切ですよね。

G　それでチーフにクレームがいってしまって…。スケジュールについてのやりとりでしたが、スケジュール組みってすごくデリケートで緻密なやりとりなんですよね。しかもメールだったので。

S　メールって温度感が伝わりにくいですもんね。

G　今となっては、電話を1本しておけばまだ温度感が伝わったのかなと思います。

S　学生アーティストの場合、進級問題があります。中学までは義務教育なのである程度はなんとかなるのですが、高校は出席日数や単位との戦いです。仕事を取りたい、決めてあげたいけど、学校のことも気にしないといけなくて。あと何日休ませたら進級出来ない！　というのを把握しながら営業するのは、なかなか大変です。でも学生生活も楽しんでほしいから、学校行事の日には出来るだけ仕事を入れないようにしています。

フライング解禁

N　私のいちばんの失敗は解禁のミスです。

S　フライングですか？

N　深夜ラジオで、日付の感覚がおかしくなってしまいました。例えば×月23日の25時ってそれ23日？　24日？　と混乱してしまって。アーティストがある深夜ラジオにゲスト出演するのでその日を解禁日にしたのですが、放送が25時〜で。時間設定を誤ってしまい、番組内で解禁する前に、そのホームページで解禁してしまったんです。「先にホームページに出てたよ？」とパーソナリティの方がイジってくださったのでちょっとホッとしたんですけど。鮮明に記憶に残る失敗です。

S　ドキドキしますよね。

G　細かい失敗は沢山してますけど…。ひとつ大きい失敗が、「坊主事件」。若手の男の子で、先に入る作品は時代モノで坊主にしなきゃいけなくて。でもその次の作品は坊主じゃないから、髪の毛の繋がりをちゃんと詰めなきゃいけなかったんですけど、それを怠ってしまい、先に決まったからと坊主にしてしまったんです。そうしたら、そのあとで撮影に入る作品のスタッフに叱られてしまって。チーフと一緒に、ジャケットを着て監督に謝りに行きました。

N　髪型問題、難しいですよね。

G　髪型問題とスケジュール問題は毎回悩まされるかも。やっぱり俳優だとそういうことになるんだなと大変勉強になりました。

N　モデル事務所では考えたことがなかったですよね。

G　俳優のマネージャーは考えなきゃいけないことが圧倒的に多い気がします。確認ごとがとにかく多い。作品のプロモーションのたびに大量の雑誌の取材を受け、そのあとは原稿と写真の確認が待っている。

S　メイキングなどの映像確認もありますよね。

N　菅田の場合は音楽と俳優の仕事が混ざってくるので、頭がごちゃごちゃになります。

S　学生アーティストは部活に入っていたりするので、日焼け問題もあります。撮影期間中に1日だけ部活の大会に出たら、日焼けで真っ黒になっちゃって、どうしよう⁉︎とか。

N　髪の毛はまだカツラを被ればいいけど、日焼けだと、それを隠すためにメイクが厚塗りになったりしますから。

S　体育の授業で突き指してしまったとか、思春期で急に肌が荒れてしまうことも。日々小さなハプニングはたくさんあります。

仕事の喜び

ラッキーな遭遇

N　ミーハーですが、私は『Mステ』でNiziUさんに会えたことが嬉しかったです！　そして担当する若手の子の仕事が決まるのも本当に嬉しい。オーディションに落ちてしまったり、なかなか難しい時期もあったりするので。

G　本当に同感です。露出しないと、アーティストを知ってもらう機会もないですしね。そう思うとマネージャーをやっていて一番嬉しいのは、やっぱり仕事が決まった時かなと。

N　あと色々な知識が増えますよね。美味しいお弁当や差し入れのお店、美味しいご飯屋さん、病院なども詳しくなります。

G　情報のストックが豊富になってきますよね。

成長を生で感じられる

S　若手を担当していると、作品の舞台挨拶は毎回ぐっときちゃいます。やっとお客様に届けられる初日舞台挨拶、そのステージに立つ彼らを見ると、感動しますね。

G　いいですよね。

S　まだまだ成長途中だから、撮影期間中も失敗したり悩んだりします。上手く演じられなくて悔しくて泣いている姿を見ても、何もしてあげられません。演じるのは本人だから。でもその撮影を乗り越えた時に、本当に良い顔をしていたり、若手に関しては、そういった成長を生で感じられる喜びがあります。対して、私は菅田のデスクも兼務してますが、関わる人の人数や規模感が圧倒的。LIVEでは、演出部、技術部、物販部など、それぞれのプロフェッショナルな方達と共にいいものを作ろうという、チームの強い一体感を感じられることも、唯一無二の喜びです。

凄腕マネージャー伝説

マネージャー界の四天王

S　事務所ごとに「あの事務所なら××さん」と、四天王みたいなチーフマネージャーがいますよね。

N　四天王！

G　一度、ある現場でその四天王が揃ったんです。あれは現場がザワつきました（笑）。

N　みなさん女性ですよね。

S　格好いいですよね、たくましいというか。

G　そう演じているところもある気がしますよね、立場として。

S　強くいなきゃやっていられないところがあるのかも、と思います。先日会社のマネージャー研修で、新卒のマネージャーがチーフに質問したんです。「今でも悩んだりすることはあるんですか？」と。それに対してチーフが、「今でも毎日が壁だよ。泣くことだってあるし」と答えていて。そういう姿は普段私達には見せないので、格好いいなと思いました。

N　そうですよね。

S　四天王のみなさんにだって、きっと繊細な部分がありますよね。それを見せない強さと存在感があって。

G　確かに、色々な意味で強い。

N　偉い方なんだと、見ただけでわかりますよね。

G　来た瞬間に。

S　まとうオーラというのかな。

N　担当するアーティストが大きな存在であればあるほど、そのマネージャーは謙虚な方が多い気がします。

G　そうしたマネージャーの方は、どこがすごいのでしょう？

S　ウチのチーフはよく「過度なケアをしないように」と言いますよね。ドアを開けたり荷物を持ったり、お弁当の箱を片づけてあげたり、「そういうことは絶対に自分でやらせて」と。人としての普通の感覚を大事に、勘違いさせないようにという方針が、すごく素敵だなと思います。

G　人としてもちゃんと育てている感じがありますよね。

その位置から見える景色

G　私が子どもを産んでまでマネージャーを続けたい理由は、チーフ達を見ていると、私もそうなりたいと思ってしまうんです。成功例を近くで見ているので憧れます。何かあったらすぐにチーフに相談も出来るし、近い存在だからこそ、自分ももしかしたら頑張れば叶えられるかもしれないと思えて。それで中途半端では辞められなくなっています。自分もアーティストと、喜びも苦労も、売れるまでの過程の全部をひっくるめて一緒に経験してみたい。その景色を見てみたいと。

S　格好いい！

G　そういう意味で今は若手を担当したいです。松坂、菅田の現場に付かせていただき、十分な経験をさせてもらったので、そこで得たものを若手に還元していきたい。そういう気持ちが大きいです。

S　目指すマネージャー像は人によっても違いますよね。忙しい人を担当したい人もいるし、イチから若手を営業したい人もいるし。

N　分岐点があるんでしょうね。

S　どちらの道を選ぶか。

G　私はたった5年間ですが、現場をやり続けてそう思いました。決裁権はチーフにありますけど、やっぱり自分で物事を選択し、判断していきたいなと。現場をやっていた頃、毎日をこなす作業のように思えてしまって。それを5年も続けると物足りなさが出てきてしまいました。それで、もっと上のステップにいきたい！　と。指示を受けてその通りに動くだけ、ひたすら運転して現場に毎日ついていく。そうではなく、もっと自分のマネジメントとしてのやり方を見つけていきたいと思うようになりました。

N　私の分岐点は前の会社の時に若手を担当した頃、マネージャーをやって4年目くらいで。そこで担当してなかったら全然若手には興味がなかったかもしれません。若手を任せてもらって、チーフに頼りたい時もありますけど、タレントと1対1でコミュニケーションを取り、こうなっていこうという目標を実現していくのが楽しくて。いつか松坂、菅田とNチーフのような関係になりたいと思います。

これからについて

どんな人と働きたいか

S　やっぱり熱量がある人です。テクニックや知識を持っている人も素敵ですが、最後はやっぱり気持ちのある人がいい。やってみたい！　とか、楽しみたい！　という熱量の高い人と一緒に働きたいです。

G　そういう意味では、何事にも一生懸命な人とか。

N　最初はみんな、仕事なんて出来ないですから！

S　新入社員を見ていても、頑張っているなと思うのは、とにかく一生懸命な子。がむしゃらというか、ひたむきさが伝わってきます。

G　こちらも勉強になりますよね。

N　自分も頑張らないといけないなって。

S　真面目過ぎると、つらいことがあるかもしれないですね。

G　引きずらない、ポジティブな人が向いてますよね。

N　全部を受け止めてしまうと、前に進めなくなります。自分が壊れちゃいますから。

S　スピードの速い世界だから、落ち込んでいる暇がないんですよね。

G　本当にそうです。だからある程度は適当でいいのかも。

S　失敗するたびに落ち込んでいたら、どんどんタスクが溜まってしまうんですよね。もちろん反省はするべきだし、しなきゃいけないのですが、すぐ切り替えて次に行かないとあっという間に追いつけなくなってしまう。だから大事なところはちゃんと押さえた上で、ほどよい適当さを持つことも大事かなと。

N　広い視野を持つことも必要。

S　空気は読めたほうがいいですよね。社会人としても必要な力だし、アーティストの機微や体調を気遣う力も必要。周りが見える人のほうがフットワークが軽くて動けます。

N　客観視出来ますからね！

【現場マネージャー】 I（女性・30代）×F（女性・20代）

私たちのルーツ

女系家族のひとりっ子

I　私は母子家庭で育ちましたが、母方の祖母祖父と住んでいて、二人に育てられたようなものでした。母は働いていたので、祖母が保育園の送り迎えをしてくれたり、ご飯を作ってくれて。不自由なことは全くありませんでした。性格的に暗い訳でもなく、友達もいて。小学生の時は週3で塾に行き、合間に週2でバレエを習っていたので、忙しかった思い出があります。

F　習い事も沢山やっていたんですね。

I　それで母は四姉妹の女系家族で。叔母達も、結婚はしていたりするのですが、子どもがいなかったりして。

F　お年玉を沢山もらえますね！

I　そうそう。何不自由なく、好きなことをやらせてもらいました。誕生日も、盛大に祝ってもらって。幸せに育ちました。

F　気にかけてくれる大人が周りに沢山いたんですね。

自動車一家の異端児

F　私は両親と3つ上に姉がいます。国内外問わず、旅行が大好きな家族で。両親は広島に本社がある自動車メーカーに勤めていて、父が転勤でアメリカに行くことになり、そのタイミングで母は仕事を辞めてついていったらしいです。アメリカにいる時に姉が生まれました。そんなこともあって、海外色の強い家庭かもしれません。とはいえ家族4人で頻繁に海外旅行には行ける訳ではありませんが、小4の夏休みにはまるまる1ヵ月、アメリカとカナダに滞在したり、そうしたイベントが多い家庭でした。

I　オープンマインドな雰囲気はそこから？

F　そうかもしれません。家族の中で、私だけ英語がしゃべれないんですけど(笑)。姉が1歳の時に一家で広島に戻り、今は姉も同じ自動車メーカーに勤めています。母方の祖父もその系列の病院で薬剤師をやっていたので、「なんでアナタだけが全く違う進路に？」とよく言われます。

テレビっ子と、ワンパクな女団長

I　子どもの頃は、とにかくテレビっ子でした。保育園や学校から帰ったら速攻でテレビをつける、それがルーティンで。NHK教育テレビで『忍たま乱太郎』を見て『おじゃる丸』を観て。ひとりっ子なので、家での遊び相手がいなかったせいもあるかもしれません。

F　ひとりっ子だとチャンネルを独占出来ますね。私は姉と「このドラマが観たい！」「いやいやこっちのバラエティがいい」としょっちゅうケンカになってました。ひとりっ子がうらやましかったです。

I　どんな子どもでした？

F　どちらかというとワンパクでした。学校から帰ったら、公園でひたすら鬼ごっこをして。家に帰ってからは私もテレビっ子でした。アニメに始まりバラエティを見て、夜9時くらいからドラマを見て、「そろそろ寝なさい」って言われてました。休みの日も、友達と遊びに行かない時は、1日中見過ぎて怒られることも多かったです。『めちゃ×2イケてるッ！』や『クイズ！ヘキサゴン!!』が全盛期でした。

I　わかるわかる。

F　顔もキャラクターもこのまんまで、昔から「全然変わらないね」と言われます。根が明るく、どちらかというとクラスの中心的存在でいたいほうでした。高校生の時、体育祭の応援団長に立候補したくらいです。「今まで女子がやったことはないんだけど」と言われましたが、「やりたいやりたい」と、いの一番に手を挙げました。そういう子でした。

I　格好いい!

マネージャーに至る道

テレビ業界への憧れ

I　叔父がテレビ制作のディレクターをやっていて、叔母がスタイリスト、と家族に業界人がいて。その働く姿を見て、「楽しそうだな…」というのが幼い頃から漠然とあったんですよね。

F　叔父は今でもディレクターをされているんですか?

I　やっています、仕事場で会ったことはありませんが。小さい頃はテレビ好きだったのもあり、テレビ局に見学に行かせてもらったりしました。それで大学に行って就活する際、漠然とテレビとかメディア系の業種がいいなと思い、番組制作会社に入りました。そこであるバラエティ番組のADを4年ほどやりました。体力勝負な部分もあり、大変ですけど、それなりに楽しくて。そんななか当時トップコートにいた若手女優がその番組に出ることになって。放送後、Ｔｗｉｔｔｅｒなどの SＮＳで反響を見るのですが、その子の知名度がどんどん上がっていくのを目の当たりにしたんです。そうして世に出ていくのを見て、「あ…面白いな」って。それでマネージャーという仕事に興味を持ちました。

F　それでトップコートに?

I　その番組には、木村佳乃もゲストで来たことがあり、その時に現場マネージャーとの関係性がとても良く感じられて、トップコートってきっといい会社なんだろうなと。それで、会社のホームページを見たら募集していたので応募しました。

F　募集していたんですね。

I　履歴書を送ったら人事の方から連絡が来て、今に至ります。

専門学校から一直線

I　裏方タイプじゃなかったんですよね？

F　確かに友達の前でならはっちゃけたりしましたが、「エンタメ業界で働きたいけど何をしよう？」と考えた時、表に出るタイプではないなとその瞬間に思ったんです。裏方でどんな仕事があるかを考え、マネージャーになる道を探しました。私、勉強が嫌いなんですけど、マネージャーは学力がなくてもなれるかもしれないと思って（笑）。例えば技術スタッフだとカメラの仕組みや、照明の機材を理解する勉強が必要だと思いますが、そういうことは私には無理だなと。それとバラエティ番組で、マネージャーの1日に密着していたのをたまたま観たんです。それがきっかけで「あ…マネージャーいいかも」と思いました。俳優もタレントも、人に元気を与えてくれます。そうした人達を支えることは、自分もその手伝いが出来るということで。「それがいい！」、最初にそう思ったのは中学3年生でした。

I　中学生で⁉　私はその年齢で、そんなこと全然考えてなかったな。

F　高校はいわゆる進学校でした。4年制大学に進む人がほとんどの中で私だけが、専門学校に行きたい、マネージャーになりたいと言うと、先生が「は？」と（笑）。本気にしてもらえませんでした。それは母も同じで、「なれる訳がないでしょ、何言ってんの？」という感じでした。

I　専門学校は、マネージャーになるための？

F　最近は沢山あるみたいです。私が行ったのは音楽系の専門学校でアーティスト科、声優科と色々あって。アーティストスタッフ科のマネージャーコースに入りました。その時点で、マネージャーになりたいというのは決まっていたんです。

I　それはすごい。

F　専門学校の先生も元々マネージャーをしていた人でした。どこの会社に入りたいか考えた時に、地元の友達があるコンテストをきっかけに、芸能事務所に入ったんです。その子と仕事がしたくてその事務所を受けました。

コロナ禍に振り回される

F　そこで元アナウンサーの方を1年間担当したあと、若手タレントを3年間担当させてもらいました。そのあとで色々なタイミングが重なって、退職を決断しました。次どうしよう？　と考えた時、社長が出演した『プロフェッショナル　仕事の流儀』を思い出しました。番組を見て、良い会社だなぁという印象が漠然と残っていたんです。知り合いを介して、新しいマネージャーを募集しているのを知り、すぐ履歴書をお渡ししたのですが、その翌日くらいに新型コロナの緊急事態宣言が出て業界が止まってしまって。人事の方から、「コロナ禍が落ち着いたらまたご連絡します」と言われてしまいました。

I　ちょうどその頃だったんですね。

F　はい。そうして世間が色々と動き出したかなという頃、「状況が変わってしまったので、今回はごめんなさい」と言われ、「終わった…」と。他の会社は考えてなかったので、とりあえず一度地元に帰り、半年くらい無職のままでした（笑）。東京の家は残したままだったので、家賃もかかっていて、このままではお金が尽きてしまうと思って。東京に戻った1週間後、「状況が変わって募集を始めるので、受けませんか？」とトップコートの人事から連絡が来たんです。あまりのベストタイミングに驚きながらも受けさせてもらい、そこからはとんとん拍子で話が進み、運良く拾ってもらいました。無職で良かったです。別の会社を受けていたら、今ここにはいなかったと思います。

I　タイミングも良かったんですね。

マネジメントのいろは

細かいケアが必要な女性チーム

F　仕事の仕方は先輩を見て覚えました。マニュアルはないので。

I　見て学べ、ですよね。

F　専門学校も私が通ったのは音楽系の学校だったので、「LIVEはこうやって作る」とか「音楽アーティストのプロモーションの仕方はこう」と、音楽系の事務所に入るなら、より役に立つ知識だと思います。ですが、現状は菅田（将暉）の音楽の現場で「この機材の名前は聞いたことがあるな…」と思うくらいです（笑）。現場に行って、先輩を見るほうが勉強になります。アーティストによってやり方は真逆だったりするし、女性ならこう男性ならこうというのもぱっくり分かれますし。

I　私はほぼ女性チームにしか付いたことがなくて。一瞬だけ中村（倫也）の現場を担当しましたが、それを経て、女性チームは洋服やヘアメイクと、男性より細かく気にする部分が多いかもしれないなと。

F　持ち物の量も違う気がします。毛布とかスリッパとか持ってません？　女性アーティストのマネージャーは荷物が多いイメージです。女性だと、どういうところを気にするんですか？

I　見え方、でしょうか？　ドラマか雑誌かでも大分違うのですが。ドラマだと、モニターで映りを気にします。例えば「ちょっと映りが暗くてクマが目立って見えるかも」などと思ったらメイクを直してもらったり、「照明をちょっと明るくすることは出来ますか？」という相談をしたこともあります。もちろん監督やスタッフの意向があるので、妥協点を探るようにしています。

F　中村だけでなく、男性陣はあまり細かくケアする訳ではないかもしれません。チーフが、アーティストも自分で出来ることは自分でやるという考えなので。たまに「車で作業してますね。あとで来ます！」ということもあります。

I　女性チームとは少し違うかもしれないですよね。

F　女性の担当だと、現場から離れることがないのでしょうか？

I　基本はモニターを見ながらその傍らでパソコン作業をしたりしますが、本人の近くにいて暑さや寒さ対策のケアをすることもあります。汗をかいてしまったりすると困りますから。

F　男性の場合は、必要最低限ですよね。よっぽど髪の毛がヘンだったりしたら、何か言うこともあるかもしれないですが。現場で何が起きているのかを把握した上で、いい意味でほったらかしな気がします（笑）。だから今「女優を担当して！」と急に言われたら、「今まで何をやっていた!?」というところから始まると思います。

I　私もそうです。男性の担当になったら、「何をすれば良いのだろう？」となってしまう気がします。

F　取材日で撮影時のエピソードを語る時に、出来事の時系列をアーティストが勘違いしていたら正しく説明する、みたいなことはあります。あとは現場で問題が起きないよう、いち早く動くように心掛けていますね。例えば、感情が顔に出てしまう人なら、その人が腑に落ちなくて周りの空気をぴりつかせることがないように先回りをするとか。

I　なるほど…。

F　でもやっぱり、それもすぐには出来なくて。問題が起きた時はチーフに、現場の状況と本人の言ってることを説明し、どうしたらいいかを相談していました。最近ようやく、私も担当しているアーティストのことをちょっとずつわかってきたので、そうならないようにしようと。

I 先回り出来るのはすごいことですよ。

アーティストとの距離感

車内での会話は人それぞれ

F 人と人なので、合う合わないは絶対にあると思います。だから担当に付いたら、まずは距離感を測るかもしれません。

I わかります。

F この人には、どこまでどんな風に近づくのが良いか？　私のこのキャラでそのまま行って、それで良い人と嫌な人とがいると思うので。これは仕事だからと構える人と、みんなでワイワイ楽しもう！　という人と。だから最初は様子を見ます。しゃべりかけられたら応えますけど、こちらからは話し掛けない、とか。車で迎えに行き、「おはようございます」と「到着しました」しか、車内でしゃべらないこともありますよね。

I よくあります。私もそんなスタンスです。

F 前の会社で若いアーティストを担当していた時は友達、ではありませんが、「仕事は楽しくやろうよ！」という距離感でした。

I 最初、佐々木（希）に付いた時はどのくらいの距離感で接すればいいのかが全然わからなくて。ところが心配とは裏腹にオープンマインドで、気さくにしゃべりかけてくれて。少しずつ距離感をつかめてきているのかなと思います。でも距離感をどうつかむかはずっと課題です。

F 正解がわからないですし。

I すぐに察知出来る人になれたらすごいですよね。

色々あります、失敗談

その日に限って！ の朝寝坊

F シンプルに、朝寝坊は焦ります。前の会社で担当していたアーティストは電車移動だったので、普段はスタジオの近くで待ち合わせをしていました。でも台風予報が出て、その日は共用車を借りて現場に行くことになったんです。ところが、そんな時に限ってたまたま寝坊してしまって。普段なら本人は最寄り駅まで行っているから、「ごめん、先に行って！」で済んだものを、迎えが来ない！ ということになってしまいました。朝、本人から電話が来て、「なんでこんな時間に電話がくるのだろう？」と思いながら電話に出ると、「もう集合時間なんですけど、今どこですか？」と言われて、一瞬時が止まりました。「今から住所を送るのでタクシーで行ってもらっていい？」とお願いしたのですが、心の底から焦りました。まさに、そんな日に限って…で。結局その日の現場の入り時間も遅れましたし、現場着いて土下座しました（笑）。

仕事の喜び

舞台初日と公開初日、そして美味しいもの

I 佐々木（希）が舞台に出演することになったのですが、コロナ禍でマネージャーは稽古には一切行けなくて。でも戦時中の話なので当時のことがわかる博物館へ行って勉強したり、方言を練習したり、努力しているのを見ていました。それでゲネプロで初めてそのお芝居を観た時、感動して。それをよく覚えてます。

F コロナ禍の影響で、菅田の『キネマの神様』（2021年）も何度か公開延期になりました。私自身は撮影現場に行っていませんが、ようやく無事に公開出来た、その時には泣きそうになりま

した。

I　良かった…！ってなりますよね。

F　本人の努力が報われた…と。今は現場マネージャーなので、そういう時が一番嬉しいです。今後、若手を担当することになったら、作品を決められた時などに、よっしゃ！となるのかもしれません。先日、松坂（桃李）の現場で知り合ったスタッフに会いに行って、その方から連ドラのオーディションの情報をもらい、それを社内に展開したんです。それで結局、ウチの若手の子に決まりました。ちょっとでも手助けが出来たんだ！と。そういう小さい喜びを積み重ね、いつか大きい作品に決まった、なんてことに繋がればいいなと思っています。

I　自分自身が単純に嬉しいと思うのは…雑誌の現場などで美味しいお弁当が食べられるとか。

F　それ、間違いないですね！

I　健康的で美味しいお弁当が出る時があるんです。あと凝ったお菓子を用意してくださったり。やった〜と思いながらこっそり食べてます（笑）。

凄腕マネージャー伝説

撮影現場は営業の最前線

F　他社の方で印象的だったのが、あるバラエティ番組の収録中に、ちょっと大きめの地震が起きたんです。そういう時は一旦収録も止まりますが、いの一番にスタジオに走っていき、タレントの身の安全を確認しようとしていました。その瞬時の判断がすごいなと。

I　まずは自分の安全、じゃないんですね。

F　自分よりアーティスト、という気持ちを日頃から一番に持つからこそ、そういう咄嗟の行動が出来るんだなと思って。

I　尊敬するマネージャーっていますか？

F　他社の方で、強烈なキャラの方がいて。その方の名前が出ると「ああ××さんね」と多くの人に認知されています。その方と1クール同じ現場になったことがあるのですが、チーフマネージャーなのにほぼ毎日現場に来るんです。そこで営業してるんだなと思いました。

I　ああ、わかります。

F　私自身、現場が好きなんです。テレビ局などに行って営業するより、現場が好きなのだから、そこで営業したほうが自分に合っているし、効率がいいんじゃないか？　そう思うきっかけになったのはその方でした。まずは自分を知ってもらった上で、担当するアーティストをプロデューサーや監督に営業する。そうしてフラットに話しているのを見て、「こういうやり方はいいかも、作り手の人との繋がりも出来るし」と。今理想とするビジョンは現場のＣＩＡ、みたいなマネージャーなんです。

I　なるほど。私もその方を知っていますが、確かに存在感がありますよね。

細かい気づきと、対処スピードの速さ

I　ウチのチーフはすごいなと思います。細かいところに気づいてそれを対処する、解決に持っていくスピードが速いのです。私はまず気づくことすら出来ていないので、憧れますね。例えば現場に行って、会場を見て。「ここは段差があるからヒールが危ないね」とか「イスは一回座ってみてもらったほうがいいよね、衣装によって座りにくかったりするから」と。最初の頃、現場に一緒に行って、「そういう細かいことも確認するんだ！」と驚かされました。女性チームならではかもしれません。

F　本人から何を聞かれてもいいように、まず自分で考えておくということですよね。

I　言われる前に対処しておく。何を聞かれるかはわからないので、万全に資料を読み込んでおくとか、スタンバイ中に会場へ行って動線を全て把握しておくとか。アーティストの特性もあるので、多分こういうことを質問されるだろうというのを事前にある程度は想定しておくのですが、それにしてもすごいなと思います。

F　清野（菜名）のようなキャリアのアーティストが移籍してきた場合はどうしたのですか？

I　チーフが清野の元に足を運び、まずは何から何までヒヤリングしていました。どういうことが好きで、どういうことが嫌いか？　細かいことまで聞いて、情報を共有してくれました。それに今までの経験を踏まえて分析し、あとは現場での時間を積み上げて一緒にやっていく。そうして、担当する相手のことをつかむのが速いのです。

F　自分はまだまだだなって。本当、そう思いますよね。

マネージャーとは？

どんな仕事か説明するなら？

F　マネージャーはどんな仕事か？　というのは、なかなか言語化出来なくて。

I　こういう仕事、と言い切るのが難しいです。

F　でもよく聞かれますよね。

I　入社試験の面接でも、聞かれたのを覚えています。その時は「担当するアーティストのやりたいことを把握し、それに向けて仕事を取ってきて、二人三脚でやっていく」と答えました。でも実際に入社して、そんな風にまとめられないなと思ったんです。色々と細かい仕事も多く、確認物も多い。想像していたのと、実際に入ってみて知ったマネージャー像とでは全然違ったなと。

F　言葉に出来ない仕事、とか？　友達に聞かれたら、現場業務を答えてしまいます。「送り迎えをして、あれをしてこれをして」って。これ、チー

I　フ陣がどう答えるのかが知りたいです。

I　確かに！

マネージャーに必要な資質

I　人柄とコミュ力かなと思います。

F　コミュ力は、あってなんぼだと思います。

I　人柄は大きいですよね。

F　一番大きいかも。「ありがとう」や「ごめんね」がちゃんと言えるとか、アーティストをマネジメントするにあたって、まずは自分自身が人として成り立ってないといけない気がします。

I　あと、人と関わるのが好きな人のほうが良いですよね。アーティストに対してもそうですし、営業するにしても〝対　人〟、なので。

F　マネージャーって元気な人が多い。あと、変わった人が多い気がします。かなり偏見かもしれませんが、ちゃんと勉強をしてきて理屈で物事を考える人より、どちらかというと感覚的な人が多いかもしれません。変わった人ばっかりです…自分を含めて（笑）。

I　はははは。

これからについて

揺れる未来の理想像

F　今後どうなっていきたいかについては、絶賛模索中です。

I　本当にそう。

F　入社して2年目3年目って、模索するタイミングという気がします。

I　夢を描けるほどには現場の経験がまだまだ足りないと思っているところがあるかもしれません。自分がどうなりたいのか、難しいですね。

F　トップコートって半年に一度、社長と面談があるんです。その面談で「どうなっていきたいの？」と聞かれました。マネージャーをやり始めた時は、いずれ新人を担当して売れっ子にしたいと思っていましたが、実際に6年ほど現場マネージャーをやってみて、それは簡単に言えることじゃないとわかって。だから何を夢にしたらいいのか、ずっと模索してます。

I　よくわかります。

F　以前、若手を担当したことがあったのですが、他の担当の業務もあり、完全にキャパオーバーになってしまいました。その時に、この子の人生が私の手で決まってしまう…と、責任の重みを改めて実感しました。色々と現場を経験して、いつになるかはわかりませんが、新人をもう一度担当したいと思います。だから松坂、菅田をあそこまでにしたチーフは本当にすごい。もはや神の領域のようです。

I　私もマネージャーになるきっかけは、新人を売り出したいという思いでしたが、いざやってみると難しさもわかって、到底出来ない…と思ってしまいます。今後どうしたいか考えると、どうしたいんだろう？　って。

F　「社長面談で今後のビジョンを聞かれて答えられなかったんです…」と先輩に相談した時、言われたことがありました。今は現場が好きで、とにかく現場に行きたい！　という気持ちがあるだろうけど、そうして年々経験を重ねていくと、「現場以外のこともやりたい」というタイミングがどこかでくる。体力的にも厳しくなって新人を育てたいと思う時がくるよ、そう言われました。それでとりあえず今のまま頑張って、いつかどこかでそうしたターニングポイントが来たらいいなって。なんか、ふわっとしてますけど。

I　よくわかります。

F　「5年後にどうなっていたいかは決めたほうがいい」とは言われるんですよね。「今に必死過ぎると、日々が現場をこなす作業になってしまうから」って。「遠くが無理なら近くの目標でもいい」とも言われたんですよね。

［現場マネージャー］ F（女性・30代）×Y（女性・30代）

私たちのルーツ

活発な妹キャラと、大家族6人兄弟の末っ子

F　本当に自由な子だったと思います。勉強が得意で学級委員タイプの兄と、スポーツばかりしている活発な妹という絵に描いたような構図です。

Y　私は人見知りで気が小さいタイプ。親戚の集まりでは親の後ろに隠れるような子でした。6人兄弟の末っ子ですが、甘やかされた感覚はあまりないですね。

F　6人兄弟⁉　どういう構成で？

Y　上から女・女・男・男・女・女です。

F　賑やかでいいですね！　子どもの頃は、よく映画を観ていました。土曜日は母親と二人で映画館に行き、日曜日は父親が観たいものに付いていく。母は洋画が好きだったので、幼い頃から字幕のついた難しい映画を観ていました。父は娯楽性の強いもの、笑えるような面白い作品が好きで。アニメーション映画を観る時は兄やいとこと一緒に、大人数で行くこともありました。私は土曜も日曜も映画館に行くと。

Y　うらやましいです！　私は出身が秋田なのですが、近所に映画館が少なくて。時々テレビで告知する試写会に応募して、当選したら観に行っていました。私の場合はドラマや映画より、音楽ばかりでした。安室奈美恵さんにとてもハマっていたのです。

F　私はブラッド・ピットが好きでしたね。それも母と一緒に観た映画の影響です。衛星放送で自宅にいていつでも映画が観られるようになってからは、1日中家族みんなで映画を観ていました。アメリカのアカデミー賞授賞式を観たり、かなり映画が好きになりましたね。

Y　素敵！

マネージャーに至る道

美術会社からの転職

F　大人になってからは映画館自体が好きになりました。集中して観られる、あの空間が心地良くて。お休みには映画館で1日2本くらい観続けたりしました。それくらいに好きだったので、映画に関わる仕事をしたいという思いはずっとあったのですが…。最初、それとは全然関係のない職種に就きました。でも毎日映画や音楽に触れていると、やっぱりそれを作る側になりたいと思うようになって。映像の世界観を考えるのが好きだったこともあり、セットを作る、美術の仕事に興味を持ちました。そこから美術会社を色々と調べ、たまたま募集していた会社を見つけて応募したところ採用していただけました。美術系の学校に通ったことはなく、特に技術もなかったので、とても努力しました。結果、多くのことを任せてもらえるまでになりましたが、ステップアップのために退職して。その後フリーランスになり、しばらく家で仕事をするように。毎日会社に通うというルーティンがなくなって家で作業する時間が増え、「毎日このまま人に会わずに仕事を続けていくのか…」と考えたら、やっぱり会社勤めをしたいと思うようになりました。その時にもう一度、エンターテイメントに関わる仕事は？　と考え、たどり着いたのがトップコートでした。

Y　美術会社では映画のセットを作っていたのです

か？

F　それが映画はほぼ経験がなくて。出版物や広告、ミュージックビデオと、いわゆる単発の現場を担当しました。それは楽しかったし、不満はありませんでしたが、携われる期間がやはり短くて。準備期間はとても長いのに、撮影はいつも一瞬です。

Y　その後すぐにバラす、と…。

F　それが儚いというか、寂しさを感じてしまって。映画やドラマは、制作期間が長いですよね。準備も長く、撮影期間も長い。そこから世に出すまでにも時間がかかります。そうしたことに憧れました。それで、ちゃんと作品を世に出すところまで携わりたいと思ったのがマネージャーを目指したきっかけのひとつです。

Y　そうなんですね。

F　それでトップコートに入ったら、前職で身に付けた技術はもう忘れてもいいやと思って。マネジメントがどんなことをするのかわかりませんでしたが、「きっと必要ないだろう。道具はもう使わない！」と全て捨てたのを最近後悔しています。「絵が描けることを武器にしたらいいんじゃない？」と周りの方に言っていただいて、まさかもう一度道具が必要になる時が来るとは思わず…。やってきたことがちゃんと役に立つことがあるんだなと、改めて感じた出来事でした。

レコード会社からの転職

Y　音楽が好きだったので、音楽業界に行くというのは小学生の頃からぼんやりと考えていました。高校を卒業して音楽関係の専門学校に行き、レコード会社のことやマネジメント、ファンクラブの活動など、スタッフとしての仕事全般を学んで。卒業後はレコード会社に就職しました。9年いたのですが宣伝、デスク、経理など色々な業務を担当しました。一通りやった頃、俳優が音楽活動を始めたり、ミュージシャンが演技に初挑戦というのが世の中で増えてきたんです。それこそ『トドメの接吻（キス）』に菅田（将暉）が出演し、主題歌（『さよならエレジー』）を担当したり、そうしたことが一気に多くなって。でもアーティストがドラマに出ても、レコード会社だと特に何も出来ません。現場に行くのはマネージャーであって、レコード会社の人間は行きませんし。関わることがあるとすれば、主題歌CDの視聴者プレゼントとかでしょうか。それでアーティストが音楽以外のこともするなら、レコード会社で音楽だけに関わるのではなく、アーティストの活動全般に携われたほうがいい。それにはマネジメントだなと。

F　質問なのですが、レコード会社の社員と俳優のマネジメントって違うんですか？

Y　違うんですよ。レコード会社はCDを作って宣伝・販売をして、それに伴う販促イベントを行うのが基本です。ツアーの開催が決まれば、CDにチケットの先行申込が出来るチラシを入れたり、各会場でのCD販売をします。あとは媒体を招待してLIVEを観てもらうのも宣伝の一環で。

F　なるほど。

Y　音楽以外の活動を始めるミュージシャンが増えていくのを感じて、音楽業界だけに縛られなくても良いのかなと。そうしてマネジメントの仕事を探し始め、最初に目に入ったのがトップコートでした。ちょうどホームページに求人を出していたのですぐに履歴書を送り、翌日には連絡が来ましたね。

マネジメントのいろは

とにかく、メモ魔！

F　私もホームページを見て、この会社がいい！と思って応募したのですが、そもそもマネージャーがどういう仕事をするのか、想像出来ていませんでした。大雑把に、こんなことをするんだろうというのはありましたけど。だからやってみて違ったと思うこともなく、全部が、そうなんだ！　と受け入れた感じで。

Y　わかります、本当にそうですよね。

F　だから全部が新鮮でした。それを嫌だとか、苦手だと思うこともなく、そうなのですね、と全て受け入れて。

Y　やるしかない！　と探り探り覚えていくんですよね。

F　だから「本当に何も知らないです」とずっと言っていましたよ。面接でも言ってしまいました。それで先輩やチーフマネージャーと一緒にいられる間はずっと動きを見て、こそこそメモしていました。現場に入ったらトイレや喫煙所を探す。「○○のトイレは2階」などと書いていました（笑）。先輩に同行出来る日数は予め限られていたので、現場では、「今何をしたのですか？」とひたすら聞きました。入社1ヵ月後くらいにはドラマの現場にひとりで行くようになり、その後はドラマのスタッフの方に、あれこれ聞きました。

Y　そうやってひとつひとつ覚えていくんですよね。

そして、質問魔！

Y　音楽業界にいたので、ドラマの現場なんて全く知らない訳です。それでも撮影中のドラマに途中から同行することもあって。私は全員初対面だけど、アーティスト本人は既に仲の良いスタッフがいて。どうしよう？　みたいな。

F　私もそうでした。

Y　そういう時はなんでも聞ける人をひとり作っておくのが良いですよね。例えば、主演クラスのマネージャーだと、全スタッフと知り合いなのかな？　と思うくらいに誰とでも仲が良かったりします。するとその方に、「今話していた方はどなたですか？」と聞いたり、「こういうことは誰に聞くのが良いですか?」と教えてもらったりして。そういう方のコミュニケーション能力って本当に高いですよね。もちろんアーティストの変化にも気づくし、それでいて手元はｉＰａｄで作業していたりして。すごいな！って。

Ｆ　そういう方って、こちらにも気を遣ってくれるんですよね。「多分次のカットで終わるから休憩に入るよ」とか、なんでも教えてくれました。

Ｙ　自分の担当するアーティストのことは見えていても、周りまで見えているか？と言われたら自信がないですね。

Ｆ　自分のことでもいっぱいいっぱいだし、本当に余裕がなかったです…。でもいつの間にか、日々を過ごして経験を積むことですっかり変わっていきました。

Ｙ　仕事で心掛けているのは、わからなかったら聞くということです。入社して3年でもわからないことは沢山あります。3年いると「出来て当たり前」と思われるところがありますけど、担当が替わると、仕事内容はガラリと変わるので。今、初めて舞台の現場に付いているのですが、「基本から全て教えてください！」と言っています。ドラマや映画とは違って初日以降は翌日のスケジュールは送られてこない、ホワイトボードに公演時間が書かれているから写真を撮ってアーティストに送り、逆算して入り時間を決める、などと全部を教えてもらいました。わからないことは、何年目でもいいから聞くことが大事だと思います。それから異動があったら、これまでのレギュレーションは前任に全て聞きます。自分ではこれで良いと思っても、「今まではやっていなかったよ」ということもあるので。全部を聞いた上で、最終的に自分で判断します。

Ｆ　そうだね。

Ｙ　例えば番組の収録があったら、ＳＮＳ用の写真を撮っていいかとか。人によっては受けたり受けていなかったりで、細かく写真チェックをする人もいれば、現場でパッと確認出来ればいいという人もいます。アーティストによって、上長によっても対応が違いますよね。担当になって1週間ほどで地方ロケに同行した時は、随時LINEで確認していました。「サインを求められたら許可していますか？」とか。「サインはいいけど、写真はお断りする」などのルールがあるかもしれないと思って。

F　私が心掛けているのは、前日のモヤモヤとか、マイナスな気持ちは一旦置いておいて、何があっても「おはようございますっ‼」と元気良く言うことです。朝の挨拶で、お仕事スイッチを入れます。

Y　大事なことですよね！

アーティストとの距離感

ズカズカはなしで

Y　私はプライベートのことは本人が言うまでは触れないようにしています。

F　チーフに質問した覚えがあります、「早くアーティストと打ち解けないといけないですか？」と。すると、「向こうから話してきたら話せばいいし、まずは業務のことから話せばいいよ」って。そこから、必要事項以外の話をするようになったのは徐々にですね。やっぱり、ズカズカ行こう！とは思いませんでした。本人に声をかけるタイミングも教わったのを覚えています。本人に確認をしてほしいことがあるけど、今は集中するタイミングだから、その話は帰りの車でしてほしいって。それとは別の件では、「これは〇時までに確認したいから、お昼休憩のタイミングで聞いてください」とか。「待ち時間に聞けるような内容だから、待ち時間に聞いてみて」というのもあって。

Y　そこを指示してもらえるのは有難いですね。私はそこまで細かい指示があったことはなくて、チラチラと本人の様子を見つつ、「今かな～？」と考える。

F　「今かな～？」「でも話しかける雰囲気じゃないな…」とか。

Y　この撮影が終わってからにしようと思っていたら、チーフから「聞いた？」と催促が来て。「まだです。急ぎでしたか…」と焦る(笑)。マネージャーの中には、楽屋に入らない人もいますよね。その辺りはアーティストによるので、正解はないと思います。

F　そうですね。基本的にはアーティストの目に入る場所にいるとかね。

色々あります、失敗談

寝坊の恐怖

F　遅刻に関しては、本当に恐怖です。渋滞で現場に間に合わない、とか。車内でものすごく焦っています。でも大抵そういう時は、自分以外の方も同じように渋滞にハマって時間に間に合わなかったりするんですけど。自分が寝坊しないために、セットした目覚ましをベッドから遠くに置くようにしています。

Y　アラーム音は聞こえますか？

F　聞こえます。遠くに置き、それで起きられるか怪しいなと思う時はもう1個セットして寝ます。帰り道で翌日のアラームをセットしますよね、帰宅してからだと寝落ちする可能性があるから。あとは普通に運転していて現場に到着するのが遅れるのも怖いですけど。

Y　だからと言って早く着き過ぎても良くないし…。

F　時間の計算は難しいですね。

仕事の喜び

モノ作りの過程が見られる

Y　メイクをして衣装を着て写真を撮っていく、広告やファッションの撮影現場で、モニターを見るのは楽しいです。例えばカメラマンがライティングを調整すると、ほんの少し直しが入っただけで写真の雰囲気がガラリと変わります。そうして良いモノが出来ていく過程を見られるのが好きです。

F　楽しいですよね。そうした過程の中で自分には何が出来るのだろうかと考えます。別に映画のクレジットに名前が出る訳でもないし、完全な裏方ですが、それでも多くのことが出来るはずだと思うので。

Y　クレジットで言うと、親が喜んでいたのは、レコード会社勤務の時だったかもしれません。CDのブックレットに名前が載るので(笑)。

それ知ってます！の達成感

Y　初めて行った番組の収録で、自分の理解度が足りず、本番前にバタバタしてしまったことがありました。それから何回かその収録に参加して慣れていって、全てが滞りなくスムーズに終わった時は、「よっしゃ！」と。些細なことですけど。

F　達成感ですよね。

Y　それからアーティストから急に質問されたことに、パッと答えが返せたりするのも。

F　あ、いいね。「それ知ってます！」って。

Y　「収録は何時からだっけ？」とか「何分後に移動？」とか、全部パッパッと答えられた時に、「良かった…」と思います。滞りなく終わった安心感が嬉しいです。でもそれがずっと続く訳ではなく、翌日はまた違う現場で全然ダメだったりして、「安定しないな…」と落ち込む。その繰り返しです。

F　私はその日のスケジュールを、スマホの待ち受けにしています。

Y　みんなやってますよね。ドラマのその日のスケジュールをすぐ見られるように。時々新しいものに替えるのを忘れていて、「あれ⁉」と焦ることもあります（笑）。

私はバシ子

F　最初に担当したアーティストからあだ名をつけてもらったんです。すぐ社内にそれが伝わり、みんなからもそのあだ名で呼ばれるようになりました。キャラを作ってもらった気がして、それが一番嬉しかったです。人見知りで、何を質問すればいいかもわからないような状態で転職してきたので。毎日緊張して過ごしていましたが、そのあだ名のおかげで、社内でも撮影の現場でも迎え入れてもらえる雰囲気に変わりました。

Y　入社してすぐにですか？

F　最初の頃はもちろん苗字で呼ばれていて、いつそうなったかは覚えてないんですけど。それを知った先輩達からも「しっくりくるね」と言ってもらえました。

Y　それ有難いですよね、どうしても恐縮しちゃうから。

F　キャラを作ってもらったという感じかもしれません。

マネージャーはつらいよ

「今から2時間スマホ使えません」

Y　完全にオフの時ってありますか？

F　まさに最近、そうしたことを考えたんですよね。スマホを見ず、パソコンも開かないオフの日ってまずないなと。2連休だ！　と思っても必ず何か確認したりしますから、どこかソワソワしちゃうかも。

Y　「今から2日間、スマホをオフにしていいよ。パソコンも見なくていい」、そう言われても、多分見てしまいますね。緊急の連絡が来てないか、気になるので。基本はいつでもスマホを見られるようにしつつ、パソコンも近くに置いています。最近無意識にしてしまっているのは、これまでは飛行機でどこかに行くにも格安航空券を利用していたのが、今は機内Ｗｉ-Ｆｉを使える航空会社を選んでいる自分がいるんですよね。

Ｆ　いつでも連絡が取れるようにしていると。

Ｙ　そうでないと国内で2時間程のフライトでも、飛行機を降りて機内モードをオフにする瞬間が本当にドキドキして…。何か連絡が来てないか？　ずっとひやひやしながら乗ることになりますから。映画を観る時もそうで、一時期は観に行くのが億劫になる時もありました。平日の夕方に試写へ行く時はドキドキしながら行って。終わって飛び出してスマホを見て、ああ…って。

Ｆ　わかる！　あんなに大好きな映画館も、一時的にスマホから離れると考えると、怖かったですから。ウチのチームでは「今から2時間スマホ使えません」というのをグループLINEに入れることになっています。するとその間は他の人が対応してくれる。だから安心です。

Ｙ　全部忘れて休みを取りたいと思うことはありますけど、スマホのチェックはしますね。

Ｆ　年末年始くらいかも。みんな同じスケジュールでお休みだからね！

Ｙ　そういう時はチャンスです！

マネージャーとは？

好きじゃなきゃやらない仕事

Ｙ　必要な素質ってなんでしょう？　むしろ教えてほしいです（笑）。

Ｆ　でもきっと好きじゃなきゃやらないですよね。エンタメが好きとか、あのアーティストが好き！とか。

Ｙ　エンタメが好きとか、興味があるのは大事ですよね。「とにかく現場！」という意識になりがちですけど、営業もしなければいけないので、ドラマや映画の知識があったほうがきっと営業しやすいだろうと思います。

F　私は映画の公開初日に映画館へ行って、舞台挨拶を観るのが好きで。舞台挨拶で、映画を作った人達の話を聞きたいんです。その上で映画を観たい。この仕事に携わりたいと思ったのも、作り手の思いを聞きたいとか、舞台挨拶付きの完成披露試写会の現場に行きたいというのもあります。お客さんの反応や感想を生で確認出来るのもポイントですから。菅田の『糸』(2020年)の時もたまたま仕事が休みだったので、リモートの舞台挨拶を自宅の近くにあった映画館で観ました。コロナ禍になって初めての舞台挨拶だったと思います。「こういう思いで作品を作った」とか「撮影中にこんなエピソードがあった」と聞くとより一層、映画に感動します。だから今、その現場に行けるのが嬉しいんですよね。

これからについて

一緒に働きたいのはこんな人

F　社内には色々な人がいて、自分の足りないところを補ってくれます。困ったら助けてくれるし、イジワルな人はいません。担当はそれぞれいますけど、担当以外のアーティストに関しても、スタッフ全員で営業するので、秘密にすることはなくて。むしろ情報は共有しないといけません。チームで動くので、私だけ！　という人だと働くのは難しいかもしれませんね。

Y　だから一匹狼じゃない人がいいのかも。

F　でも私自身、コミュニケーション能力があるという感じでもなくて。みんなわりと人見知りですよね。

Y　私もそうです。底抜けに明るい人っているかな…？

F　チーフの方でさえも最初はそうで、営業に行くのは苦手だったと聞いてちょっとホッとしたのを覚えています。

Y でも、コミュニケーション能力はあったら得だなとは思います。営業も、先方と仲良くなってしまえば楽しいですが、そうなるまでが大変ですし。

F 最初はつらいですよね。「がんがん営業やります！」という人はいないかも。だからこそ、私は絵を描くことを武器に変換しました。営業の方法、武器はなんでもいいのだと思います。

Y 営業の仕方も電話やメール営業がいいという人も、対面がいいという人もいて、人それぞれです。私は電話が苦手なので、アポを取って実際に足を運ぶのが一番いい。対面だとゆっくり目をみて話が出来るので、自分には合っていると思っています。

アーティストと二人三脚する夢

F 履歴書の閲覧はもう経験しましたか？ アーティスト志望者から送られてきた履歴書をひたすらチェックするのですが、社内全員にローテーションで回すのです。

Y はい、チェックしました。

F 私は以前近藤華の履歴書を見て、惹かれるものがあり、「この子は絶対マネジメントしたい！」と思ったのですが、そこには既に履歴書を見た全員のハンコが押してありました……。

Y 輝いている人はわかるんですね。

F なんか輝いていました。とても惹かれましたし。

Y 私は街中で制服の女の子をついつい見ちゃうかも。女の子が気になります。

F マネージャーによって女性が気になる、男性のほうが興味があるなど、それぞれですよね。

Y 私はどちらのアーティストも担当しましたが、得意不得意はわからない…人によるのかも。

Y　仕事の内容は性別や年齢によっても変わってきますし。

F　どっちが自分に合うかどうかは難しいですね。

マネージャーの存在

菅田将暉

菅田将暉

マネージャーは最初の伴走者

アーティストにとってマネージャーは、近い遠いで測れる存在ではありません。常に一緒にいるようでも、マネージャー陣のプライベート全てを知っているかというとそんなことはないし。アーティストもなあなあになって甘え過ぎてもいけない。この絶妙なバランスが多分、アーティストそれぞれのマネージャーとの距離と相性に繋がるのでしょう。

僕の場合マネージャーというのはある意味、最初に喜ばせなきゃいけない人達で。試写会や、自分が表でプレイするのを一番近くで観るお客さんです。社長である万由美さんもそうですが、ワクワクさせなくては、という緊張感がずっとあって、それは家族や友達に対しては抱かない感覚です。仕事なのは確かですが、いわば心の仕事ともいえる。マネージャー陣の、仕事をする人間としての皮のようなものをはがさなきゃいけないような気持ちもあります。志というか、そう在れたらいいなと。

同じチーフでも、アーティストによって距離感は全然違います。僕の場合はとても仲が良いし、二人だけでご飯を食べに行くことも、仕事の合間に遊んだりも多々あります。でも、現場マネージャーやチーフマネージャーが僕のことを面白いと思わないことには仕事は進まない。プライベート面でお世話になることもありますが、まずは仕事の面で認めてもらうこと。「この人のためなら」と思ってもらう、ある意味ファンであり続けてもらうのが一番の理想です。暴言に聞こえなければいいのですが。

最近はウチのチーフの下に付くマネージャー陣、新入社員が現場研修のように僕の現場に来ます。菅田のところは芝居も音楽も色々な現場があって、「この人は嫌だ」ということもないので、「教育係ね」と言われたりして。自分にマネジメント能力に関して教えられるものはないけど、確かに年上ではあるし、作品を作るクルーとしての心構えなどについては伝えられるものがある。だから現場マネージャーに関しては上司、ではないけどそんな立場で、説得力を持たせられるようにいなければいけないなと思っています。そうはいっても、朝寝坊して起きれないこともあるんですけど。

■チーフとの関係性

チーフとの間に、特に決めごとはありません。ただ、これは！ という時だけハイタッチをします。お互いに、ハイタッチが出来るくらいの瞬間をわかっているのです。例えば『あゝ、荒野』（２０１７年）で日本アカデミー賞最優秀主演男優賞を受賞させていただいた時、そして初めての武道館公演の時がそう。そういう景色を目標に設定し、ベストを尽くしてきました。

そのチーフとの関係性が、ある時少し変わりました。それこそ日本アカデミー賞の後、仕事のやり方を変えようと話し合っていて。決してもめた訳ではないのですが、その時にチーフが、「菅田君が素直に今、私がマネジメントするべきじゃないと思ったらそう言ってね」と伝えてきたのです。

ずっと今のチーフとやり続けるのではない、そんな思いは常にあります。チーフも「もう菅田君はいいや」と思うかもしれないし、そういう選択肢はお互いに持っていないと良い意味での緊張感は生まれません。そのことをチーフがちゃんと言葉にしてくれた時、やっぱり同じ感覚を持っているのだなと改めて感じました。

始まりは、僕がまだ高校を出たばかりの頃でした。そんな自分に社内の人事の背景なんてわからないし、色々な事情で新しくチーフになった人、最初はそれだけの間柄で。そこから長い時間が経ちました。そうしてこのタイミングで、お互いにお互いを、ちゃんと選んだ上で一緒にやっていこう——。そういう感覚に変わったのです。

それでいて、これだけ長い間一緒にいると、もうチーフの体が心配で。やっぱり情も生まれるし、健康であってほしいなあと思ったりします。

■ トップコートの変化

最近は事務所から独立する俳優さんも多いですし、全部を自分でやりたい人、それが向いている人もいるでしょう。でも僕はそうではなくて。人に任せないと出来ない仕事はあるように思うし、任せられる人にお願いして事を進め、自分は自分の仕事に集中するほうが向いています。もし全部を自分で出来るなら既に独立しているはずで、逆にそれが、独立には向いていない証明かもしれません。

作品選びはチーフと一緒にやりますがその窓口業務、対社会、対作品、またお客さんに向かう姿勢をどうするか？　広告をやらせていただくための業務は？　芸能界、テレビ業界、映画業界の中に、どんな在り方で立つのか？ 僕個人ではまかなえないと思うことが多過ぎる。更に目に見えない仕事もあって、そこに時間を割き過ぎると、作品を作る時間がなくなるという問題が起きます。だから改めて僕にはマネージャーが必要で、自分がこうやって活動出来ているのも事務所のおかげだと純粋に思えるのです。

トップコートは、どんな事務所に見えるでしょうか？ 僕としてはこの10年で変わったなあと思うのです。入所した当初と今とでは、事務所全体で目指すところが違うなと。良い意味で、とても流動的なのです。

もちろん会社としての理念自体は変わってませんが、フェイマスとかメジャーみたいなものへの志向があったところから、よりインディペンデントなもの、作家性の強い、アートなものへと関心が向かうようになったなと。『共喰い』（２０１３年）のオーディションは当初チーフ以外の全員から反対されましたし、そうした作品に前向きな雰囲気はなかった気がします。あの頃は（松坂）桃李君が、舞台や映画で『娼年』（２０１６年／２０１８年）をやるという未来はまだ存在していなかった訳ですから。

メディアの在り方、芸能界全体が変化した時期でもありました。日本アカデミー賞でここ数年、インディペンデント系の映画が高く評価されているのもその証拠のひとつです。また以前はテレビ、映画、舞台と活動の場によって、俳優はそれぞれにカテゴライズされていました。もちろんたまに行き来する人はいましたが、映画中心に活躍する俳優がテレビドラマに出ると驚かれたりする、そうした違和感があった気がします。

そこでチーフとは最初に、とりあえず全部をやろう！　という目標を掲げました。インディペンデントなもの、作品の規模としてミニマムなものもやり、そっちにもお客さんを呼び込んで、それ自体をメジャーなものにする。それでいていわゆるメジャーな作品もちゃんとやると。なぜみんな全部をやらないのだろう？　と思っていましたが、それが一番難しいからだというのはやってみてよくわかりました。

トップコートが請け負ってきた作品を洗い出して並べてみたら、その質はかなり違ってきているはずです。今はインディペンデントなもの、ミニマムなものも、多くの人に観てもらえるようになりました。そうした環境の変化にちゃんと対応し、シフトしている気がします。

また次の段階として、僕らの業界の仲間が足りないからと、こうしてマネジメントという仕事を伝えるために本を作ってもいます。この本の話を聞いた時は、さすがだなと思いました。その世界を知らないと、入ろう！　とは思えないはず。万由美さんは無意識な部分と意識的な部分の両方を備えている、第六感みたいなものがある人で、そこがやっぱり面白いなと思うのです。

■音楽の現場では、マネージャー陣の顔つきが変わる

音楽の現場になると、面白いことにマネージャー陣の顔つきが変わります。全然違うのです。俳優業の時とは業務内容が異なるせいか、より楽しそうに見えます。短い言葉で言うとより感情的に、感情があらわになる気がします。

例えば映画の現場でも、撮影を見ていたマネージャーが泣くというのは多々あります。俳優が演じ

てはいますが、その感動は僕個人が生み出したものではなく、映画という創作物に対してという意味合いが強い。お芝居は自分事というより他人事、演じる役、いわば他人を僕自身が一緒に眺めながら対応している感覚があります。

でも音楽は自分事です。ミュージシャンとして行うＬＩＶＥも作品ではありますが、僕が何かを演じているという感覚はありません。詞や曲を自分で作るには自分を開いて見せることになる訳で、そういう意味では鏡のように、マネージャーも、ひとりの人間として反応する瞬間が多くなるのかもしれない。プライベートな面を含め、マネージャー陣をより知ることに繋がる気がします。

例えば、入社したての現場マネージャーがツアーに同行していた時のことです。リハではいつも、ウチのクルーが僕の代わりに歌ったりするのですが、そのマネージャーがドラムをやっていたと聞きつけたバンドのメンバーが、彼女にドラムを叩かせて。それで僕がギターソロを練習したことがありました。

もちろんそれは本来、彼女の業務ではありません。でもメンバーとデュエットの練習をしたり、ノリノリでやってくれました。音楽の現場では僕自身も俳優の時より、より感情がむき出しの状態になりますが、マネージャーも、イチ人間として本人のよりパーソナルな部分、感情の部分で参加する場面が増えるように思います。

そう考えると、お芝居と音楽とでは、現場マネージャーに求めるものは違うのかもしれません。僕自身も最初の頃は、俳優が音楽番組に出演した時にどんな動き方をしていいかわからなくて。周りもみんな、何をケアしたらいいかもわからない。５年ほど経って、ようやく落ち着いてきた感覚があります。

■音楽での、チーフの役回り

チーフも、俳優の時とは全然違うと思います。例えば歌詞を書くにも、どっちが良いと思います？と、チーフに相談することもあります。それを素直に、ひとつの客観的な意見として聞くので、一緒に作っている感覚があるかもしれません。

でも俳優の時は、現場に着いてからは僕の仕事。自分でやらなきゃいけないことがほとんどです。ケアしてもらったとしても、僕がどういうお芝居をするかを相談することはほぼありません。昔は「このセリフをどう言えばいいですか？」と聞いていたこともありましたが、それでいうと音楽でも、「どうやって歌えばいいですか？」とは聞きませんけど。

クリエイティブの始まりが音楽の場合、よりゼロからだからという違いはあります。ＬＩＶＥではトップコートが制作に入りますから、グッズなど、社内でクリエイトしなきゃいけないものが増えます。音楽のほうが、より作品づくりの中心に入ることになる。もちろん映画でも制作に入ることはありますが、それとはちょっと違います。映画やドラマの制作に関わる時とは違い、音楽は好みの要素が大きく、趣味嗜好がより反映されます。

だから音楽を始めたばかりの頃は、僕の好きな音楽をやろうにも、これは理解されないかもしれない、という思いが多々ありました。「ブルーノ・マーズみたいなショーをやってよ！」と言われ、いやそんなでっかいところでキラびやかなショーを求められても…と反対して。まずはちっちゃいライブハウスでやりましょうとお願いしました。

音楽をやるから！　と浮足立つことなく、本人がクリエイトに参加すること。他人を演じる俳優とは違って、音楽は本人がやりたくないと絶対に続きません。5年ほど掛かって、そんなことがようやく理解された感じです。

チーフの努力にも感謝します。まずは、僕が好きなアーティストをちゃんと聴いてくれるのです。僕は奇妙礼太郎さんが好きで。いわゆるメジャーな存在ではないかもしれませんが、本当にすごいアーティストです。「オー・シャンゼリゼ〜と歌ってるのが奇妙さんですよ。あとあれもこれも」と知らずに耳に入っているかもしれない曲が沢山ある。それを説明すると、チーフはちゃんとそこから聴いて、「菅田君はこういう音楽が好きなんだね」と分析してくれました。そうやって聴いていくとどんどん好きになったようで、すると自ら深掘りして好きな曲を探すようになっていきました。それを見ていて、この人はマネージャーとして本当に優秀なんだなと。

俳優としての作品選びも同じです。「この人はこういう作品が好きなんだ」「こういう役が合う」、そんなことを考える上で、まずはその人を知ろうとしなければ始まりません。そこからようやくその先の話、例えばタイアップのこと、「今度○×と組んだらいいかも？」「どんなＬＩＶＥにしよう？」というう会話が、初めて出来るようになるんじゃないかと思うのです。

■チーフと見据える音楽活動の今後

最初に音楽を始める時、自分が楽しい！　と思うもの以外は出来ません、チーフにそうお願いしました。そうでないと続けられないし、続けていく意味が見つからない。そこに割く時間ももったいないですから。だったら俳優だけをやればいい、という話になってしまいます。やっぱり、楽しいことを仕事としても成立させることが一番大変なのです。

俳優業は違います。そこには監督や演出家がいて、需要と供給があり、求められたものをやるのが僕らの仕事です。でも音楽に関しては、素人の状態から全てが始まりました。そういう人間が、「これから歌もやります」と言っても、何かを期待することは出来ないはずです。ミュージシャンとしての僕に、なんのビジョンも浮かばなかっただろうと。

期待するものがあったとしたらそれは、期待する側の嗜好の問題。ＢＵＭＰ ＯＦ ＣＨＩＣＫＥＮが好きな人ならＢＵＭＰっぽいものをやってほしいと思うだろうし、福山雅治さんが好きなら福山さんっぽいものを僕に期待するはず。それは俳優と同じで、カメレオン的変化を求めてくださっていると。

でも僕にはそうした期待に応えられるほどの実力も技術もありませんでした。「はじめまして」と言ってる素人に、「ブルーノ・マーズになって！」と言うようなもの。いきなりアリーナで、何万人もの前で歌って！　なんてとてもじゃないけど無理です。それだけの技術と経験と本人の度量があって、彼らはあそこに立っている訳で。だからこそ、音楽に関しては自分から始めるしかない。つたなくてもいいから、自分が好きなものをやらせてください。そうでないと、失敗もさせてもらえないと思ったのです。

俳優業ではメジャーシーンでの仕事、月９の『ミステリと言う勿れ』みたいなものもあれば、『共喰い』みたいなものもある。両者は似ているようで、全く違う作業です。『帝一の國』と『あゝ、荒野』も、表現する目的やゴールが違う。広告も、何かを演じるという意味では同じですが、やっぱり違います。

音楽についても、今後の展開が見えてきました。俳優業と同じ、メジャーに対する仕事と自分の好きなものと、2つの道を作ろう！ ということになったんです。これほど多くの人に聴いてもらえるとは思っていなかったので、武道館公演もやるべきかどうか、最初は悩みました。俳優業を観てきてくれたお客さんがいるから成立はするだろう。でもそれで満足してはいけない。そこのステップアップはやりつつ、そうではないもの、ミニマムな音楽も作っていく。理想で言えば、そっちは覆面を被ってやりたいぐらいです。それくらいの覚悟でないと、上手くならないですから。

音楽活動を始めて5年経って、そういう話をようやくチーフと出来るようになりました。

■ 業界のトップと、ふと出会える仕事

日本ではファッションにしても音楽にしても映画にしても、芸術への関心が薄い気がします。日常的に存在せず、自分事として捉えている人があまりいないなと。このままでは芸術自体がなくなってしまう…そんな危機感さえあります。そこで30代の目標として芸術、エンターテイメントへの関心を持ってもらうための努力をしたい。なぜ自分は今この仕事を続けているのか？ そう考えた時、単純に何かを作るのが好きなのはもちろんですが、そんなことを思いました。

そもそもエンターテイメントって、何のためにあるのでしょう？ 動物としては水が飲めてご飯が食べられて生きていけたらいいのに、人間はこれだけ余計なことをしている。動物として、随分と余裕があ

るなと。ある意味で無駄なことなのに、必要とされていて、世界にはエンターテイメントが溢れているなんて面白いことです。

振り返ると、コロナ禍で最初に動きが止まったのはエンターテイメントの現場でした。生活が厳しくなってこの業界を去った人も沢山いましたが、あの頃、みなさんは家で何を観ていましたか？ 映画やドラマを観るだけでなく、読書にしても漫画を読むのもそうで、エンターテイメントに触れていたはずです。多分なくても生きていけるけど、ないと寂しい。僕らがやっているのは、そんな不思議な仕事。だからロマンティックな人がいっぱいいて、感受性と感性に溢れています。この仕事の現場に来ると、ただ生きること以外の豊かさみたいなものが一番面白いことのように思えます。

それでいて、どの業界でもトップの人ってやっぱり刺激的です。それぞれが独自の哲学を持って生きていますから、単純に、そうした人に接するのは得だと思うのです。いわゆる一般企業だと、社長と新入社員が同じデスクを囲むことはほぼないでしょう。棟梁と新人のバイトが同じ作業をすることもなかなかありません。でもこの世界では新人もベテランも、同じ土俵に上がります。

音楽番組で、それこそブルーノ・マーズと同じ回に出たことがありますが、現実にそういうことがある。どれだけ新人でも、その業界のトップの人と、ふと会える瞬間があるのです。それは財産になると思うのですが、そこはマネージャーも同じ。そんな不思議さがある仕事で、そうしたことが好きな人には向いている業界だと思います。

菅田将暉

■新人マネージャー対象の講座開設？

学生時代、部活は何をしていましたか？　マネージャー志望者の面接をするなら、そんな質問をしたい。さきほどの話と矛盾するようですが、エンターテイメントが好きなだけでは足りません。頭ももちろん使うし、文化系の人でももちろんいいのですが、体力勝負という面もあります。

それからマネージャーはポジショニングが大事で。その辺り、やっぱり団体競技をやっていた人はスッと順応出来る気がします。ウチの事務所でもサッカーやバスケなど、チームプレイのスポーツ競技をやっていた人は多いです。視野が広く、今どういう動きをすればいいか？　に慣れた人が多い気がします。個人競技をやっていた人はどちらかというとアーティスト、自分で創作していく仕事のほうが向いているかも？　僕の肌感としてそんな風に思います。

実は、新人マネージャーを対象に講義したい項目がいくつかあります。アーティストへの傘の差し方、エレベーターを使ったりしてアーティストを現場へ先導する方法、それから俳優の視界にどれくらい入るか？　などの現場での居方、まずはこの3つ。これについてはかなり語れると思います。マネージャー陣が俳優のことを見ているように、俳優もマネージャー陣を見ていますから。タレントや芸人がテレビでよくマネージャーの話をしますが、それだけ気になるのだと思います。僕もそうで、トップコートのマネージャー陣のモノマネだって出来ます！

例えば傘の差し方について。これはとても難しいものです。まず日傘と雨傘では違います。現場で俳優の代わりに自分がスタンドインしてセッティングを待つ間は、傘で照明を遮ってはいけません。カメラがどこを見ているのかを考えて傘を差す必要があります。本番前のどのタイミングで傘を差すのを止めてはける、その場を去るのが良いか？ ロケだと一般の方が目に入って集中を妨げてしまうこともありますから、傘で見えないように視界を遮ったり。僕がお話をする相手役の方の、目の前に傘があっても困ります。

そもそも、誰かに傘を差すのって難しいです。通学の時にでも、友達に傘を差してみてください。きっと濡れちゃいます。風の流れ、その角度、太陽光でもそうですが、その辺りを本気で考えると入射角がどうとか、数学的な話になります。でもそこが自然と上手い人というのは、やっぱり現場の居方も上手い。そこは大抵リンクするようです。

■アーティストになってみる

マネージャーになる前に、映画やドラマを観ておくのに越したことはありません。それから、自分で何かを作ってみるといいかも。マネージャーは何かを作っている人に接する、モノ作りをする人を支えたり、それに参加する仕事です。そこで絵を描くでも、映像を撮るでも、人前で歌うでも、言葉を紡ぐでもなんでもいい。一度プレイヤーになる経験をしておく、作品をひとつ作ってアーティストになってみるのは大事かもしれません。アーティストにマネージャーの気持ちが全部はわからないように、マネージャーにアーティストの気持ちはやっぱりわからない。お互いに１００％は無理だからこそ、歩み寄ることが必要です。

例えばトップコートランドで、みんなで絵を描いてしゃべるという動画を撮ることになった時。自分の描いた絵を発表した経験がないと、何を準備したらいいかはわからないでしょう。しかもそれを映像に撮るなら、どういうカタチがいいのか？ 学校の美術の授業ではなく、その動画を出来ることなら作品として提出したいし、それなら見栄えがいいほうがいい。だから出来た絵をクリップのボードでただ置くより、黒い紙を背景に敷いてそこにぽんと置くほうが美しく見える。そういう発想が持てるのは、自分で絵を描いて人に見せた経験がある人だと思います。自分で、人に見せよう！ と思って初めて気づける、それは人から教えられてもなかなか身につかないでしょう。服を作るのでも、コーディネートを組むのでもいい。友達にインタビューして、その友達を紹介する動画や文章を作るのでも。そうして作って、人に見せるまでをやった人はそれが強みになるはずです。マネージャーの仕事が始まってしまうと忙しいでしょうから、その前に、「自主映画を1本撮りました！」なんて人がいたら最高だと思うのです。

ちなみにウチのチーフは、山田洋次監督が大好きで。学生時代に彼をテーマに論文を書いていたとか。だから脚本を正確に読めるし、それを演じる上での助言も出来ます。僕が山田洋次監督の映画に出演させていただいた時、チーフが監督と握手をしながらちょっと泣いていた姿を見て、「本当に良かったな」と思ったのですが、それくらいにひとりの作り手が好き！ ということに始まるのもいいかもしれません。

■鳥肌の上に鳥肌が立つ瞬間がある仕事

ちょっと偉そうなことを言いましたが、要はそれぐらい、僕らも本気なのです。生半可な気持ちでは良いものは作れないし、本当に命がけだったりします。ラクな仕事ではありませんが、こんな瞬間はもう二度と訪れない！　と思う、鳥肌の上に鳥肌が立つような至福の瞬間が沢山ある仕事です。それを一緒に働く人間として共有出来た時、それはどんな仕事にもあるかもしれませんが、特にこのエンターテイメントにおける高揚感や刺激というのは他にはない気がします。その充実感を味わえることは保証します。とてもやりがいのある仕事です。

マネージャーは非常にクリエイティブでもあると思うのですが、お付きの人、黒子、そんなイメージもまだある気がします。実際に現場への入り時間の確認や移動手段の手配など、雑務が多いのは事実で。僕らが知らない仕事も沢山あるでしょう。でもそれはどの道、誰かがやらなきゃいけないことで、そうした仕事をしなければならないのは僕らも同じ。例えば台本や歌詞を暗記するなんて、クリエイティブというよりは、ある種の業務作業。それをきちんとやってプレイ出来るところまで持っていくのも僕らの仕事なのです。

そして、芸能界にはダークな印象を持つ人もいるかもしれません。今はそうした空気を排除しようとする動きが明らかに大きくなっています。10年後20年後は、今よりもっとクリアになっているはずです。

実録! 現場マネージャー談

2

Y（女性・30代）× T（男性・20代）

I（女性・40代）× T（女性・30代）

【現場マネージャー】Y（女性・30代）×T（男性・20代）

私たちのルーツ

活発な女の子とTHEサッカー少年

Y　ずっとスポーツはしていましたが、小学生くらいまでは、引っ込み思案で赤面症。中学から運動部に入り、大人しい子からクラスの盛り上げ役みたいな子まで、誰とでも話すようになりました。スポーツをやっていた二人の兄の影響もあってか、活発な子でしたね。

T　僕はず～っとサッカーをやっていました。運動が好きで、小学生の頃は基本的に外で遊び、土日はサッカーの練習。それで中学に入ると、塾に通うようになって。部活が終わったら塾に行き、あとは寝るだけ。高校に入ってからもひたすらサッカーに取り組み、休みは年に数回あるかないか。まさにサッカー漬けでした。

Y　私自身は、小さい頃からミーハーではあったんです。6人組くらいの仲良しグループでTRFの「EZ DO DANCE」とか、当時流行っていた曲に合わせて踊ったり。今のようにTikTokなどもなかったですし、学校の教室で踊って完全に内輪で楽しんでいたくらいのものですけど。それで高校の時は野猿の「Fish Fight!」を、なぜか、部活紹介で全校生徒の前で踊ったりしました。

T　僕が育ったのは田舎だったこともあって、エンタメに触れられるのはテレビくらい。でもたまにケーブルテレビでアニメを観る程度で、ほとんど観ていませんでした。だから映画やドラマのことに、全然詳しくないんです。

Y　うちは兄妹仲がわりと良くて、行動を共にすることも多く、兄達がマニアックなアニメが好きだったり、テレビゲームが好きだったりする中で育って、音楽や映画なども兄の影響を大いに受けています。兄妹間で共有していたモノが自分にとってのルーツになっていると思います。

マネージャーに至る道

演歌歌手の付き人からスタート

Y　大学生になってあるミュージシャンにハマり、LIVEに行くようになりました。そのメンバーがインタビューなどでマネージャーや裏方の話をよくしていて、そういう仕事があるんだ！　と初めて認識しました。でも大学では幼児教育や社会福祉を専攻し、施設で働く夢を持ちつつ保育士になるための勉強をしていたので、マネージャーになることは考えてなくて。LIVEに行くのはあくまで趣味でした。

T　そうなんですね。

Y　介護関係の資格を取り、卒業後は施設に勤めて。でも、たった2年で精神的にも体力的にも疲れて、辞めてしまったんです。これからのことを考えた時、改めてマネージャーをやりたいと思うようになりました。特にツテもなく、手当たり次第に履歴書を送って。色々な芸能事務所の面接を受けたら、演歌歌手の付き人として働かないか、とお声を掛けていただきました。とにかくマネージャーの仕事をしたくて、付き人からマネージャーとしての一歩を始め、経験を積ませてもらえたら…と。あとから、「最初から厳しい世界に入ったね」と色々な人から言われましたが、今にして思えば最初が厳しい環境だったことは良い経験だったなと思います。

T　演歌歌手の付き人ってそんなに大変なんですか？

Y　色々な方がいるでしょうけど、その方に付いていた時は朝から晩までケアしました。掃除、洗濯、食事の準備と家事をやり、仕事の現場についていって現場のケア。仕事が終わったら自宅に戻り、その日の家事が終わるまで。おかげで、半年間で10キロくらい痩せました。私が付いたのは演歌歌手の方だったので、営業などで各地のステージにも立ちます。舞台の袖で見ていたその方のストイックに努力されている姿や歌声には毎回感動していました。仕事がきついことより、面白さが勝っていましたね。

T　元々演歌が好きで？

Y　それまではお正月や、祖父母の家に行った時、たまたまテレビがついていて聴いたことがある、それくらいでした。その後は元タカラジェンヌの方、舞台女優の方などの個人事務所に入り、付き人としてしばらく働きました。たまたまですけど、付いたのは女性ばかりでしたね。やはり家の中のことをやり、運転や舞台裏で黒子のような動きをすることもありました。ある方のご家族がデイサービスに通われていて、その送り迎えや移動時の介助をすることも。福祉の仕事をしていたのが、そんなところで役立ちました。

サッカー少年、大学院へ

T　運良く、高校はわりといいところに行けたのですが、進路を決める段階でどうしようか悩んで。成績は悪くなかったので推薦で進学出来ると言われ、大学に行ったんです。でもそこがちゃんとした理系で、勉強漬けの毎日になりました。大学に行って勉強して、バイトして、帰ってきてずっと家にいる。そこからテレビを見るようになりました。毎日7～8時間は見ました。大学進学を機に上京したのですが、友達からLIVEに誘われたり、エンタメに触れる機会も多くなっていました。それで、エンタメ業界って面白そうだなと。大学では理系の勉強一色だったので、仕事でもこれをずっと続けるのはつらいかも…、そう思うようになってもいました。朝9時に出社し、定時まで働く。そんな規則正しい働き方のサラリーマンは無理だろう。それでテレビが好きという理由だけで、テレビ局に就職したいと思うようになりました。理系だったこともあり、テレビ局の技術職を目指そうと思ったのですが、局の技術職って大学院を出ていないと難しいので、大学院へ行こうと思って。

Y　大学に入ってから、勉強するようになったと。

T　推薦で入学すると、最初は勉強が追い付かないんですよ！　周りは受験勉強をしてきたので学力が高く、それに追い付こうと必死でした。すると今度は、周りが「もう大学に入ったから」と勉強しなくなるんです。だからそのうち成績上位者になってしまって。教授に「推薦するから」と言われ、試験もなく入れることになって、大学院へ行きました。

Y　すごいね！

T　それで就活時期になって。テレビ局ってアナウンサーとか技術とか、部門別にその業務を体験するインターンを実施します。幸いなことにキー局、準キー局など4社ほどのインターンに行けることになりました。技術職の仕事は楽しかったのですが、電波をちゃんと送信するためのメンテナンスをする送信技術者などの仕事に興味が持てなくて。テレビ局への就職に迷い始めました。それで、まずは色々な人に会って話を聞こうと思って。

Y　なるほど。

T　僕は大学院に行ったので、同級生には2年先に就職している友達もいました。その中で元々テレビ局を目指していた友人が、ある芸能事務所でマネージャーとして働いていて。その人はテレビ局にも受かっていましたが、それを蹴って入社していました。話していると、「絶対こっちのほうが向いてるし、面白いと思うよ」と言われ、自分でも、確かにそうかも…と。それをきっかけに、芸能マネージャーの仕事に興味を持ち始めました。でも新卒採用をする芸能事務所はあまりなく、応募したところはとことん落ちてしまって。倍率も厳しかったです。そこで中途採用で入れるところが多かったので、新卒での入社を諦めて。一旦、その世界に足を踏み入れておこうと思いました。

トップコートとの出合い

突然の業務縮小でピンチ

Y　最初にマネージャーになりたいと思った時は、大学生の頃に好きだったグループが所属する事務所に入れないかな？　と音楽業界に特化した求人サイトで探しました。前述の演歌歌手の方、舞台女優らの付き人の求人も、確かそのサイトで見つけて。そうして付き人を20代後半まで経験しました。ある時、付き人ってマネージャーとは違うよな、と気づいたんです。家事や人の世話はこれまでもやってきたのでそれほど苦もなくやっていましたが、マネージャーになりたい、ステップアップしたいと思い、付き人を辞めました。

T　トップコートとの出合いはどのように？

Y　イチから就活をやり直し、女優を抱える事務所でアシスタントマネージャーとして雇ってもらえました。でも転職した半年後、業務が縮小されることになってしまったんです。当時の社長から「行きたい芸能事務所はある？」と聞かれて。ある大手芸能事務所とトップコートとで迷いました。前者は、以前に付いていた方が舞台をやった時に関わりがあり、マネージャー陣を見ていて、素敵な事務所だなと思っていました。ですが、自分はそれまで小人数の事務所で働いてきたので、大きな組織は向いていないかもしれないと、第一希望をトップコートで伝えました。当時は木村佳乃、佐々木希、杏らが活躍している印象で。前事務所社長はトップコートにいたチーフとかつての同僚で、そんなご縁もあって面接の機会を頂き、入社が決まりました。

T ラッキーでしたね！

Y 本当に。就活のちょっと前にミュージカル『RENT』を観て感動し、その前に映画も観ていて。あの中村倫也の事務所だ！ と嬉しかったのも覚えています。

広告のキャスティング会社に入社

T 大学生になってエンタメに触れるようになり、わりとミーハーになっていて。ある時、就活情報の載ったWEB媒体に「集まれミーハー！」と書かれたページを見つけました。そこは広告のキャスティング会社で、そこなら芸能事務所に近いかも？ と考えました。それでインターンに行くと、「理系の大学院に入ってウチに応募してきたの!?」という感じで、面白がってもらえて。それで偶然にも色々なことが上手くいき、2月に内定をもらえました。他で動いていたテレビ局などへのアプローチは全て止め、その会社に入社したんです。でも芸能事務所が希望なのは変わらないので、入社したあと、仲良くして頂いた先輩に「すぐに辞めるので、色々な人を紹介してください」と言って。その先輩は元々、大手芸能事務所で働いていて、本当に色々な人を紹介してくれました。その方とはいまだに仲が良いんですけど。

Y 人に恵まれたね。

T 最初に紹介してもらった芸能事務所で内定がもらえたのですが、どうせなら記念受験という気持ちで、自分が本当に行きたいところを受けたいと思いました。それがトップコートでした。キャスティングの仕事をしていたのである程度、芸能事務所の事情は知っていたのです。会社のカラーやどんなアーティストが所属しているのか、給料面も含め、条件が合致して、ここだ！ と。巡り巡ってチーフを紹介してもらい、初めてお会いしたその日に履歴書と職務経歴書を持参しました。当時トップコートは採用活動をしていませんでしたが、とりあえず預けて、「採用が無理なら破棄してください」と。すると翌日、「面接しましょう」と電話が掛かってきました。面接を受けて採用され、その前に内定を頂いた事務所をお断りして入社しました。

Y　会社として総合的にトップコートがいい、と判断して。

T　僕の両親は放任主義で。高校も好きなところに行き、大学も自分で勝手に決めて上京と、やりたいことを否定されたことはありませんでした。就職に関しても同様で、大学卒業時に一般企業から内定をもらったのですが、エンタメ業界に進みたくて大学院へ行って。ただ、「大学院へ行くなら、メーカー関係の仕事のほうがいいんじゃないか」と、さすがに最初は言われたんです。そこから説得し、紆余曲折を経て、最終的には「いいんじゃない？」って。ただ両親には「大学院まで行かせたのに何してるんだ？　ちゃんとした会社に行ってもらわないと」という思いがあるはずで。だから将来を考えた時、芸能事務所を会社として考えて選びました。自分ではごくまともに生きているつもりですが、周りの友人は研究職についたり、自分のような仕事をしている人はいなくて。「変わってるよね」とよく言われます。

マネジメントのいろは

分刻みのスケジュールに追われる

Y　入社して最初の頃は先輩マネージャーに、「付き人ではないのだから、本人の身の回りのことをケアし過ぎないで」と何度も注意されました。付き人からマネージャーになるってなるほどそういうことか…と反省しました。マネージャーの仕事とは何かがわかっていなかったのです。前の会社で、営業のことも少しずつ教えてもらってはいたのですが。それからはアーティストの資料を持って営業先を回り、名刺交換をして売り込む。トップコートに入り、マネージャーとしてゼロに戻った感覚でした。最初に付いたのは杏の現場です。『ごちそうさん』（2013～2014年）で大阪に行ったりして、目の前にある分刻みのスケジュールに追われました。それで、のちに自分が若手の営業をやるだろうということまで頭が回らなくなってしまって。杏の現場で色々な方と名刺交換をしたはずなのに、しばらくはそれを活かせませんでした。いざ若手を担当することになった時、当時のチーフも「自分で考えてやってみて」というスタイルで。自分なりにやってみて、何か気になることがあれば注意してくれるだろうと色々動いてみましたが、すぐに仕事を取ってくることは出来ませんでした。

T　営業はどんな風にやったのですか？

Y　コロナ禍以前はアポも取らず、テレビ局や制作会社を集中的に回り、そこにいる方を捕まえて。「今どんな作品をやっているんですか？」と聞いたり、担当アーティストのプレゼンをしたり、いわゆる飛び込み営業ばかりです。電話が苦手なこともあって、自分にはそのほうが向いていました。「また来てるね！」と言われたりしましたが、ローラー作戦で顔を覚えてもらえば、次に行った時に何か声を掛けてもらえるかもしれないし、「しょうがないなぁ。かわいそうだから仕事をあげようか？」なんて展開になることだってあるかも、と。有難いことに、飛び込みの営業で、嫌な思いをしたことはありません。

現場バッグって？

T　実際にマネージャーになり、最初は戸惑いばかりでした。トップコートでは基本、新人マネージャーは、沢山の現場があるアーティストの担当になります。僕は入社してまだ3年目なのでその最中なのですが、最初は若手の俳優に付きました。本当に忙しかったです。でも前の会社で、芸能事務所の大まかな業務内容やどれくらい忙しいかを知っていたので、まあこんなものだろうとも思っていました。ただマネージャーとしての動きを全く知らずに現場に行っていたので、あの2ヵ月は何をしていたのだろう？ と改めて思います。もちろん現場への送り迎えはしましたが、現場でケアすることもあまりなくて。そのあと担当が替わり、こんなにやることがあるんだ！ と驚いたくらいです。

Y　一概には言えませんが、例えば女性だと、荷物の量からして違いますね。

T　そうなんです。男性を担当していた時は、ひとつ年上の先輩マネージャーと二人でやっていて。現場へ一緒に行き、特に仕事を教えてもらうのでもなく。マネージャーとはこうあるべき、なんて一切わからずに過ごしていました。当時は、ケアするためのグッズなどを入れる「現場バッグ」も持たず、必要とも知らなくて。それで女性の現場に行った時、ちょっと待てよ、全然違うじゃん！ と。新たに付いたチーフに細かく教えてもらい、仲良くしてもらっている他社のマネージャーに聞いたりして、こういう仕事なんだ…と徐々にわかってきた感じです。

アーティストとの距離感

結局はバランス？ 一旦引く？

Y　アーティストはデリケートというか人との心理的な距離、パーソナルスペースをある程度は保ちたい人が多い印象があります。でも、バランスですよね。自分のそうした感覚が合っているかはわかりませんが、本人がそっと近づいてくる時は何かケアしたほうが良いでしょうけど、とりあえず視界に入る位置にいて、何か言われたら動くくらいです。付き人をしていた当時と比べると過剰なケアにならないように、どんどんなってきました。例えば、弁ガラ（弁当の空き箱）ひとつを取ってもそうで、こちらがすぐに片づけるのか、食べたものは自分で片づけてもらうのか。時と場合によるし、チーフの考え方も色々なので。

T　僕は最初に付いたアーティストが特殊で。こっちから距離感を考えるというより、向こうからガッと近づいてきてくれました。現場でも、一緒にゲームをするくらい。そのあと、女性の担当になった時、どうしていいかわからなくて。まずは距離を取るようにし、そこから距離を測っていきました。でもそのあと付いた男性はまた違って。プライベートなことは一切聞きませんし、僕も言いません。基本的に距離は取るけど、向こうから「ご飯を食べに行こう！」と距離をつめてくれる時もあって、そのスタンスが勉強になりました。最近、寺島しのぶの現場マネージャーを担当することになり、まさに今、距離を測っている最中です。1ヵ月ほど仙台に行っていましたが、近しい距離でなんでも話してくださる人だとわかり、ああこういう人もいるんだ…と学んでいるところです。

Y　本当に、人によりますね。

T　チーフと話していて、アーティストが休暇に何をしたか知らなくて。「え、聞かないの？」と言われて。ああそれ聞くんだ！　と思ったんです。前の担当アーティストの時は絶対に聞きませんでした。だから一旦は距離を取るほうが良いのかなと。いきなり近づいたら嫌な人は絶対にいるので、引いていればどちらにも対応出来ますから。

送迎の車中での微妙な心理

T　車の中でも、基本は僕から話し掛けることはありません。誰に対してもそうで、話し掛けてくる人には話す感じです。もちろん仕事の話、伝えなければいけないことはあるので、会話はゼロではありませんが。それへの答えを聞くのも行きなのか帰りなのか、タイミングを探ります。

Y　それで「今ですか？」と言われた時の気まずさね。

T　違った！　と。

Y　こっちも悩んで、今だ！　と思って言った結果、そう言われた時の切なさ。間違えた…って。

T　ありますあります。

Y　ちょいちょいありました。いや今でもあります。

T　タイミングはその日の撮影スケジュールである香盤表を見たりして探りますけど。
現場に入ったら集中するので、声をかけられない人もいました。そんな風に、まずはその人の仕事のスタンスを見ます。現場で集中する人は、帰りか行きの車で。疲れている時は行きで言うのは止め、帰りにしようと思ったり。急ぎの用件なら朝、車に乗った瞬間、寝てしまう前に言うとか。でも「私、忘れるから直前に言って」と言われたこともあります。その人は現場中に話しても大丈夫なんです。直前まで全く違う話をしていても、スッと役に入れる。だから直前に言ったりしています。こういうことって、前の担当者から引き継ぐのも難しいですよね。

Y　感覚的なものだから。

T　自分で色々やってみないとわからないし、担当アーティストのことをよく理解しないといけないですし。前は2年弱付いてようやく理解出来てきたくらいです。

Y　人間だからその時々でも違うし。

T　よくしゃべりかけてくれる人もいますね。

Y　でも車の中では業務報告的なこと以外、黙っている人が多い気はします。

役者本人の心情を如何に察するか？

T　役者というのはある意味、喜怒哀楽を作れる人でもあるから、何を考えているのかがわかりにくい場合もありますよね。普通に接してくれているけど、本当は怒ってる？　と考えたり、何に怒っているのか？　沸点がどの辺りか？　その人の感情の問題だけでなく、僕の実務が至らなくて怒らせることもあるでしょうし。

Y　わからない時は聞く？

T　全部を言葉にしたいタイプの人には。そういう人は逆に何かあった時は聞いてくれるので、正直わかりやすいです。でも一切言わない人もいます。すると普段から感情を出すことも全然ないので、怒っていることすらわからない。実は怒らせたことがあるかもしれません。

Y　アーティストから現場マネージャーに直接言いづらいことがあったらチーフに相談して、チーフから現場マネージャーに伝わってくるということもあるだろうし。いずれにしろ何も言われなかったのなら、大丈夫だったとポジティブに考えるしかないのかも。私は先輩方のように、先が読めなくて慌てることが多い。

T　今日はこういう現場で過酷な撮影だからこういうケアを準備しようとか、そうした先回りは僕も苦手です。いまだに苦労しています。今付いているアーティストはその場のその状況を見て、臨機応変に対応出来ればオッケーとしてくれますけど。

Y　瞬発力でいいと。

T　でもそれだと後手後手になってしまって。そこは今後の課題です。

Y　昔より、ちょっとはスケジュールを読めるようになってきたと思うのだけど。先日の現場であったことですが、血糊を使った撮影のあとのケアをどうするのか先読み出来ていなくて。その時は特殊メイクの方が、メイクを落としたあとのスキンケアに使う化粧水を持っていなかったんです。それで私もあたふたして、他から借りてきたりしました。テープを顔に貼ってはがしたら、赤みが出来ちゃったとか。私ならこれくらいは大丈夫かなと自分の物差しで測っていたら、先輩やチーフに、「それ本当に大丈夫なの？　どのくらいの赤み？　ひりひりしてないの⁉」と問われて。

気にするポイントをもっと丁寧に！　と指摘されましたし。

T　つい自分の感覚で判断しますよね…。

Y　頭を打ったりしても、本人は大げさにしたくなかったりするから、「大丈夫大丈夫」と言いますし。すると、あんまり何度も聞くのもな…と思ってしまって。正解がわからなくて、その場その場で何がベストだったのか悩みます。

色々あります、失敗談

違和感をなかったことにした結果

Y　写真撮影の現場でヘアメイクと衣装を、これでいきます！　と決めて。その場にいないチーフに、「いくつかの候補がある中でこれを選びました」と写真を送りました。その後、本人が全て準備を終えたのを見た時に、ちょっと違和感があったんです。でもそのまま撮影が始まってしまって、途中で合流したチーフから、「ちょっとおかしいと思わない？」と言われて。出来上がったものを見た時に自分も違和感を覚えたのに、その場でスタッフに「こう直してください」と言えなかったことに落ち込みました。あとでアーティストから、「自分も何も言わなかったのがいけないですね」と言われて。そんなことを言わせてしまった…と反省しました。そこで信頼をひとつ失ってしまったようで。

T　違和感を覚えていただけに。

Y　そう。ちゃんと自分の感覚に自信を持たなきゃいけないし、当たり前ですけど多くの人の目に触れ、形に残るものなのだからよく考えなければいけない。本人にも申し訳なくて。数人で並んだショットだったので撮り直しは出来ませんし、ひとつの作品として残ってしまいます。それでファンの方の反応が気になって検索し、ネガティブな意見があったりして、ああやってしまった…とまた落ち込みました。

今後、船はＮＧで

Ｔ　失敗は沢山あって、まずは車での事故や遅刻です。ドラマの現場まで時間がなくて急いでいた時、ナビが古く、道が変わっていたんです。それで高速道路で道を間違え、そのまま遠くまで行ってしまい、現場に入る時間が30分遅れました…。本人は遅刻していないのに。それからあるＬＩＶＥの会場で。まさかここに⁉ と思う場所に置いてあったドローンに当たってしまったんです。ドローンって精密機械みたいなもので、ちょっとでも何かがズレると飛ばなくなってしまうらしくて。うわ…これ終わったな、と思って。結局、大丈夫だったのですが、とにかく焦りました。

Ｙ　はははは。

Ｔ　あと笑い話にしていただけると有難いのですが、杉野遥亮の現場を担当していた時のことなんですけど、写真集の撮影で、船で島に渡ることになって。僕は元々船酔いしちゃうんですよ。その写真集の編集の方に強めの酔い止めを頂いて飲んだのですが、それでも全然効かなくて。もうげろげろに酔いました…。

Ｙ　それ失敗っていうか、体質だから仕方ないよ！

Ｔ　まあそうなんですけど…、マネージャーとして行ってるのに何も出来なくて。何しに来たんだよ？ みたいな状態でした。船が走り出して序盤で具合が悪くなり、それから１～２時間はもう大変な状態で。撮影中もずっとうずくまっていました。逆に杉野から心配されて。それで後々、テレビ番組で２回ほどネタにされましたけど。

Ｙ　私もわりと酔いやすいタイプなので、船に乗る時は酔い止めを飲むようにしています。いつも、船の時は緊張感があります。

Ｔ　今後、船はＮＧにしようかなと（笑）。もはや記憶が薄れてきていますが、これまでで一番きつかったです。

仕事の喜び

ファンの直接的な反応に触れる

Y　トップコートランドに、マネージャー目線でアーティストの日常を画像付きでつぶやいているのですが、それを見てくださった方の反応は気になりますし、反応のあることが嬉しいです。完成した作品が公開され、観た方の反応に触れるのも大好きですが、それに近いものがあります。あと担当するアーティストの仕事が決まった時や、賞を頂いた時も嬉しいですね。『あゝ、荒野』では撮影当時、菅田（将暉）の現場に付いていて。日本アカデミー賞最優秀主演男優賞を受賞した時は現場担当を離れていましたが、社内で盛り上がっているのを見ていて、素晴らしい作品だったよね…と嬉しくなりました。現場で頑張る姿を見ていたので余計に。

T　僕はまだマネージャーになってからの歴が浅いので、担当したアーティストが大きな賞を取ったという経験はないんですよね。

支持層の変化を実感したこと

T　杉野が地方で映画の撮影をしていた時に、とてもいいシーンがあって。ああ良いものが見られたな…と、まずそこで嬉しくなりました。それを伝えると、本人もその作品の中でそこが一番気に入っていたようで。意見が合致し、わかり合えていた！　という再確認が出来ました。担当になったのは『恋です！〜ヤンキー君と白杖ガール〜』（２０２１年）の前の舞台からで、一般的には彼の名前と顔がまだ一致していない人も多い感覚がありました。でも『恋です！〜』の撮影期間終盤には、だいぶ知名度が上がっていって。そういう時期を傍らで一緒に頑張っていけたのは本当に良い経験でした。

現場で友達が出来た！

T　ダンサーで振付師のＴＡＫＡＨＩＲＯが『クロサギ』（２０２２年）で、地上波のドラマに初めて出演しました。それは、僕が初めて営業で取ってきた仕事でした。それを本人が、僕がいないところで話題にしてくれて、「初めてドラマの仕事を取ってきてくれて…」といまだに言ってくれているみたいで。やりがいをひとつ見つけたなと思いました。またマネージャーは出合いが多く、仕事関係で新しい友達が出来たというのも大きかったです。プライベートでも会うような、一生の友達が現場で出来ました。でもこれ、俳優のマネージャーじゃないと経験出来ないかもしれません。

Y　寒いところに行ったりハードスケジュールだったり、長い期間地方に行ったりね。

T　現場は過酷でも、マネージャー同士で一致団結して仲間になるんですよね。

凄腕マネージャー伝説

真似したいプレゼン力

Y　他社の女優に付いた現場マネージャーが、私より年下ですけど、考えていることと実際にやっていること、行動力が本当にすごい。学生の頃から会報誌を、企画を出すところからほぼひとりで作っていると聞いて。そんなことまで⁉ と、感心しました。

T　そうなんですか！

Y　もちろん弊社のマネージャーの先輩も。アーティストへの物事の伝え方が端的だったり、考え方もそうですが、身近で見ていて勉強になります。相手との関係性もあるでしょうが、プレゼンしたい企画があったらそれに関してしっかりと順序立てて話している姿を見ると、すごいな…って。あらすじをしゃべるのなんて本当に巧みで。本人のリアクションを見ながら交渉する、その術にも長けています。果たして自分にこういうプレゼンが出来るのか？　と考えてしまいます。台本を読んできて、「じゃあ説明して、どういう話なの？」と聞かれた時、自分はばたばたしてしまうので。

T　とあるアーティスト系の事務所のチーフが色々とすご過ぎるんですよ！　幅広く信頼を得ていて、アーティストのマネージャーなのにＬＩＶＥでわからないことはその方に聞いてと言われるくらい、全部を把握しています。更に企画やセットリストを考える時など、どこでも必要とされるんです。プロデューサーやディレクターのような動きで、いつ休んでる？　と思うくらい。まだ20代半ばの女性ですが、その人が抜けたらまずいんじゃ？　と思ってしまいます。

Y　きっと頭がいいんだね。

T　それにプラス、ＬＩＶＥには膨大な人間が関わりますが、だいたい誰ともコミュニケーションを取ります。もちろん担当するアーティストのコンディションやメンタルも把握している。僕もその人と常に連絡を取っているので、優秀さを痛感します。

マネージャーとは？

必要な要素は3本柱＋健康！

Y　自分の中でなんとなく3本柱みたいなものを立てました。それが、観察力と交渉力とプレゼン力です。観察力というのは本人に対しても、エンタメ業界の流れに関してもそう。私は先を読むのが苦手で、観察力が今の課題かもしれません。交渉力というのは、現場の流れを理解しつつ、アーティストのことを考えながら、一番良いカタチで成立出来るように話を進められる力だと考えています。例えば撮影の合間に取材が入る時、どのタイミングで入れるか？　スタッフは現場の進行を考え、最も良いタイミングを計るのですから、こちらのコンディションなどを上手く伝えるにはプレゼン力も必要で。それでいて何より大事なのは健康かも！　大きなケガや病気も、ないに越したことはありません。体力は年々厳しくなりますけど。だから…、（Tに）元気でいて。

T　ははは。

Y　私の年齢だと本来は現場ではなく、どんどんステップアップして指示を出す立場になっていかなきゃいけないと思うのですが、まだまだ未熟。でも、現場が好きなのも本当で。

T　僕も観察力かなと。アーティストを観察して考える思考力、それで行動出来るのが大事だなと。それで最後に、自信が必要だと思うんです。僕にも足りないところですが、堂々としていること。そうすれば、たとえ間違っていてもアーティストを不安にさせることはありません。自信があれば、対外的にも交渉出来る話もあるでしょうし。僕が、すごい！　と思うマネージャーも、自信があるのだと思います。堂々とした立ち居振る舞いって必要だなと。

人と関わる仕事

T　マネージャーとは何かをフラットに言うと、本当に大変な仕事だよ！　って。仕事を取ってきて、担当するアーティストの現場のケアをして、色々な人と話す。コミュニケーション能力が必要で、僕もそこは足りていないのですが、持っているのが前提かもしれません。人と話さないことはないですから。

Y　確かに、人と関わる仕事です。なおかつ人が好きで元気があって、エンタメが好きなら出来る仕事だと思います。私は入社してすぐ杏の現場に付かせてもらったのですが、杏が本当に忙しい時期で。第一線の現場に行けたことは貴重でした。そのあと新人発掘や育成のプロジェクトにも参加していますが、原石を発掘する難しさを痛感しています。浮き沈みのある業界で、誰にでも勧められる仕事ではないのかもしれませんが、この仕事は楽しい！　ということはずっと実感しています。アーティストの芸、その人そのものが商品ですから、仕事を取ってきて、スケジュールを組み、それを成立させて、対価を頂く。仕事内容は、多岐にわたります。おかげで、物事を調べる力が身についた気がします。

T　学生に「何をやっておけばいいですか？」と聞かれたら、なんて答えます？

Y　それこそスポーツで体力をつけておくのもいいし、エンタメについての知識が役立つこともちろんあって。何ひとつ無駄なことはないと思います。現場業務においては私自身、車の運転が好きだったのは良かったかもしれません。大きな車って、最初は運転するのが怖いものですから。

T　僕は学生の頃、人と話すのが得意ではなくて。だからヒッチハイクをしました。そうすれば絶対に知らない人と話さないといけないので、マネージャーになった時に役立つかなと思って。ヒッチハイクをしたのはその時だけですが、知らない人と話す楽しさを知りました。以来、一度は踏み込んでみようと、話しかけるようになったんです。

これからについて

一緒に働きたいのはこんな人

Y　柔軟な人、って抽象的になってしまいますけど。注意されたら反発するのではなく、素直に、臨機応変に対応出来る人でしょうか。

T　天性の問題かもしれませんが、人に好かれる人のほうが仕事がしやすいと思います。どんな仕事もそうかもしれませんが、この業界だと特に、そういう人のほうが仕事を頂きやすい。担当するアーティストと、よりコミュニケーションも取れるでしょう。いずれにしろ相手に壁を作られたら、仕事が出来ませんから。だからこそ柔軟な人ということになるのかなと。

Ｙ　確かに、アーティストから「マネージャーが壁を作ってる」と思われたら、何しに来た？　ということになります。プライベートなことでもなんでもさらけ出せ！　という訳ではありませんが、上っ面を取り繕っても意味がないですよね。やはりアーティストは観察力が鋭く、下手なことは通用しないと思うので。だからこそ素直な人がいい気がします。

Ｔ　あと気を配れる人とか。周りのことを考える力があって、自分より先に、相手を優先出来る人。どうしても人って、自分を軸に考えてしまうと思うので。

活躍を近くで見たい！

Ｙ　夢は担当する子がスターになること、多くの人にその魅力を知ってもらうことです。担当は替わることもあるので、その時その時で、活躍するのを近くで見たいです。そのために自分が出来ることをやっていこうと思います。今は俳優を担当しているので、ミュージシャンとは違ってＬＩＶＥに動員したお客さんの数のように具体的な数字で計れないかもしれませんが、誰もが名前を知っているとか、色々な方に求められる存在になってほしいです。

Ｔ　僕は地元が福岡ですが、物理的な距離もあり、東京と比べるとエンタメに触れる機会が少なくて。そこで、地元から有名スターの卵を発掘して売り出したい。地元と東京を繋ぐ架け橋になりたいと思っています。まだまだ夢の段階、なんですけど。

【現場マネージャー】 I（女性・40代）×T（女性・30代）

私たちのルーツ

エンタメや新しいものが好きな両親

I　大人しい性格でしたが、集合住宅住まいで、色々な年齢の人が周りにいる環境に育ちました。学年を超えて遊んでもらっていた記憶があります。両親はエンタメが好きで、家ではラジオや音楽が流れ、ディズニーやチャップリンを始めとした映画に小さい頃から触れていました。新しいものも積極的に取り入れていたようで、『ターミネーター2』のレーザーディスクを買ってきてくれて何度も繰り返し観たり、ビデオのレンタルショップや書店によく連れていってもらいました。『ペット・セメタリー』や『チャイルド・プレイ』などのホラーから『ローマの休日』まで、様々な作品を観ました。余談ですが、『風の谷のナウシカ』の「ナウシカ・レクイエム」というナウシカが金色の草原を歩く時の音楽を聴くたびに懐かしさで胸がいっぱいになっていたのですが、公開当時に『風の谷のナウシカ』を観に劇場に行ったと最近聞いて納得しました。あとテレビも大好きで。小学生時代には、NHK教育テレビ（現Eテレ）の番組が好き過ぎて、風邪で学校を休んだ時は内心「ラッキー！」と思っていたほどです。ピアノやスイミングなどの習い事も始めるなど、今思うと両親は、運動から文化的なことまで様々なことに触れさせてくれました。

T　ご両親はどんなお仕事を？

I　父は建築士で、母は子どもが学校に行っている時間だけパートタイムで働いていました。両親の実家が山間にあるので、父の運転で何時間もかけて帰省し、藁の山でハイジごっこをしたり、探検したり、近所の牛舎に遊びにいったりしました。そのせいか、自然の中の現場に行くと懐かしい気持ちになります。また、母は当時からよく面白い番組を発掘するんです。深夜に放送されていて、まだ多くの人には知られていないような番組を見つけては教えてくれました。今でもそれは続いています。「この番組知ってる？」と、時折メッセージが届きます。

親の作戦？　高い基礎体力

T　岡山県出身で、公務員の両親と、兄姉弟の6人家族に育ちました。小学生時代の休日は、社会人野球の審判員をしている父と球場に行き、審判員のおじさん達に遊んでもらうか、マラソン好きな母と一緒に、マラソン大会に出場していました。トライアスロンもやっていました。

I　トライアスロン⁉

T　中学に入るまでマラソンは通年、トライアスロンはジュニア大会に毎夏出場していました。兄弟全員が、ほぼ強制的に。アクティブな家族だったと思います。また夏はキャンプ、冬はスキーに連れていってもらいました。マラソン大会ひとつ出るのも、子どもの私達には大イベントで。トレイルランをするような山道にも行ったし、ゴール後にスイカの食べ放題があるマラソン大会もありました。

ウエイトリフティングとの出合い、そして初めての挫折

T　高校の部活は何をしよう？　と考えた時に、体育教師になりたかったので、日体大に行かな

きゃいけないと、高校受験の面接でもはっきりと伝えました。

I　ブレない！

T　振り返ると不思議ですが、当時やったこともないソフトボール部の見学に行こうとしていたんです。放課後、グランドに向かっていたら話しかけられて。それはウエイトリフティング部の先生でした。「絶対にやったほうがいい」と勧められ、いや半分騙されてウエイトリフティング場に連れていかれました。シャフトという棒の部分だけ、重りをつけない状態のもので女子用は15キロあるのですが、挙げてみたら、楽しいじゃん！　と。先輩達は、50~60キロの重りをつけてひょいひょい持ち上げていました。

I　棒だけで15キロ⁉

T　先生は「高校から始める人が多い競技だから、スタートラインは一緒だよ」と。それで「将来はどうしたいの？」という話になって。その先生も、日体大を卒業後に体育教師になっていたんです。運命なの⁉　と思いました（笑）。「お前も出来るよ」と言われ、じゃあ出来るのかな？　って。それでもうソフトボール部へ見学には行かず、そのままウエイトリフティング部に入部しました。家に帰って、「私、日体大に行ける！」と両親に報告しました。入部してからは、想像していたＪＫライフとはかけ離れ、20キロのダンベルを持って筋トレしたり、瞬発力を鍛えたり、日々トレーニングです。朝練夜練をやって、ご飯を大量に食べて。合宿になると1食でお茶碗5杯は食べていました。食事の時間はタオルを首にかけて食堂へ行かないと代謝が良過ぎて、汗が止まらないので大変でした。

I　何という代謝！

T　同級生の女子部員は私を含め4人。先輩方は全国で優勝や入賞をしていたので、同じ練習をすれば自分も行けるだろうと簡単に考えていました。でも高校2年生の時、自分だけ基準記録を突破出来ず全国大会に行けなくて。セコンドとして全国大会に付いていきました。今度は絶対に選手として来る！ やるぞ！ と心に決め、1年計画で特訓しました。部活全体の練習メニューは決まっていたので、個別で弱点を強化するメニューも追加して。半年くらいで基準記録を達成して全国大会に出場、入賞出来ました。これで日体大の推薦をもらえる！ と。ところがこのタイミングで、両親から「県外には出しません！」と言われて。体育教師になるのが無理そうなら、もう学びたいことはない。高校3年生の夏、初めての挫折でした。

マネージャーに至る道

化粧品会社の営業職

I　学生時代は、とにかく東京への憧れが強かったです。音楽もファッションも最先端でお店も沢山あって、多くのアーティストのＬＩＶＥが催される魅惑的な街――。今思えば東京の大学を目指せば良かったのですが、学生で東京に進出するという考えが当時はありませんでした。部活とアルバイトに明け暮れ、将来の夢も具体的に描けていない。それでも志望大学を考えなければいけない…どうしよう？ 就職活動の期限は容赦なく迫ってきて…。ようやく拾っていただいたのが、化粧品会社の地元の支店でした。性格的に営業に自信がないと思いながらも、企画職を目指すならまずは営業としてその会社の商品を知り、売れるようにならなければならない――。就職活動を通してそう知ったことが、営業職を選んだ理由です。

T　そうだったんですね。

I　取り扱う化粧品は少し特殊で。ＭＲ（医療情報担当者）のようにドクターにプレゼンして院内に導入してもらうというものでした。飛び込み営業もしましたし、担当県内で抱える窓口を車で1日200キロほど運転して回ったり、ドラッグストアやバラエティショップの担当者を集めて商品についての説明会を開いたり、医局のドクターにプレゼンしたり。仕事は充実していましたが、どうしても東京への憧れが捨てきれませんでした。すると、東京本社勤務の公募があったんです。自信はありませんでしたが、こっそり応募するも落選。その後二度目のチャンスが来て再び応募しました。当時の上長は、恩人と呼べるくらいに素晴らしい方でした。私が応募したことを耳にしていたようで「推してあげる」と言ってくださって。上長の推薦で晴れて本社勤務が決まりました。その知らせを受けた時は、まさに腰が抜けました。それくらいに嬉しかった。25歳でついに、東京ライフが始まりました。化粧品周りの仕事を10年近く経験した時、当時一緒に仕事をしていた社外の方から「トップコートという芸能事務所がマネージャーを探していて。あなたに合いそうだからどう?」とお話がありました。

T　え！

I　私も、え？ と思って。学生時代にメディア関連の仕事に就くことは諦めていましたし、遠い世界だと思っていたので随分ビックリなお話が来たなと。それでトップコートとマネージャーの仕事についてすぐ調べました。自分がこれまでやってきたことを棚卸しして、やっていけるだろうか？ と自問したんです。

T　突然トップコートの名前が出てきましたね。

I　業種としても突然でした。まさか、マネージャーという仕事が自分の目の前にやって来るとは。神様もやるわね、なんて思ったほどです。でも車の運転も出来ますし、やっぱりエンタメに携わりたい。そのチャンスを逃したくないし、エンタメの裏側に興味もある！ という思いも重なって、是非面接してくださいとお願いしたのがきっかけです。

人を育てるのが好きなのかもしれない

T　進路を見失ったその時、「就職に目を向けては？」と担任に言われて最初に提案していただいたのは自衛隊でした。しかも、自衛隊の広報の方が学校まで来て説明もしてくださったんです。

I　スカウト⁉

T　スカウトではありませんが、進路指導室で直立不動のまま説明を聞きました。当時、進学を諦めた直後の複雑な心境だったのですぐには決められないな…という思いと、どうしても親への反発心が消せなくて。就職で県外に出てやろうと企みました。県外の求人から飲料メーカーを受けたんです。ルートセールス、お店や自販機に製品補充する仕事です。これで県外へ行けるだろうって、浅はかでシンプルな思考ですよね。結果的に県外での就職は叶わず、地元スーパーに就職することになりました。小学生の時から通っていたような地縁店で2年間働きました。

I　その間、スポーツは？

T　ランニングは続けていました。19歳の時に初めてフルマラソンに挑戦し、完走して。自分の人生からスポーツに関わる時間をなくしたくないと改めて思いました。そんな時、地元にアウトレットモールが出来ることになり、あるスポーツブランドでバイトを始めました。バイトから正社員になり、1年後くらいに店長にならないか？と声をかけていただきました。全国に店舗があるブランドで、21歳で関東へ転勤、県外に出るという数年越しの目標を達成しました。そこでは店長なのでアルバイトスタッフの面接もします。接客経験ゼロの大学生を数名雇ったのですが、最初は「いらっしゃいませ」を大きな声で言うことも躊躇していた子が、数ヵ月後には商品知識を得て、ナイスな接客が出来るようになりました。持ち回りの日報に、「店長に教えてもらった商品の機能性や推しポイントをお客さまに話したら、セット買いしてくれました！」と書いてくれたことがあって。それを見た時に、人の成長って自分も嬉しくなるものなんだ！　と。初めて、人を育てることが好きだと気づいたのです。

好きなアーティストのマネージャーに憧れて

I　仕事は忙しそうだけれど、エンタメに触れる時間はあったの？

T　地元にいる頃からインディーズバンドのＬＩＶＥに行ったり、音楽には興味がありました。岡山から名古屋や新潟まで追いかけてＬＩＶＥに行くほどの本気のファンで。ＬＩＶＥ会場が年々大きくなっていく中、それをアシストする存在がいるんだと知った時にマネージャーという職業に憧れを持ちました。人を育てることに興味はあるけど、音楽は趣味にしておきたい。それ以外で…と考えた時、思いついたのが役者のマネージャーでした。店長を辞め、心の整理をしたくて、一度地元に戻りました。地元では職業訓練校に通いながら、芸能事務所を探しました。とはいえマネージャーになって人を育てたいという漠然とした思いだけだったので、この事務所にはこういう特色があるとか、そんな情報は何も持っていませんでした。とりあえず聞いたことのある事務所３社に履歴書を送りました。その中の1社から連絡があり、翌週上京して面接↓即採用決定↓東京に引っ越し…と、履歴書送付から２週間後には東京で暮らしていました。それくらいスピーディに事が運び、これも何かの縁だなと。ちなみに3社のうちの1社からは未だに連絡はもらえていません…(笑)。

I　驚きの展開！

T　入社してからもスピーディでした。入社１週間後には、アーティストを乗せてひとりで運転して現場へ行くことになって。しかも、生放送ですよ？　でも、新人にそうした現場を任せてくれる！　これは色々と成長が出来るだろうと、プラスに捉えていました。改めて考えたら何もわからず現場へ行くことはとても恐ろしいですけど。最初に担当になったのはドラマ、舞台、バラエティ、イベント、広告とマルチに活躍する方で、これまたスピーディに沢山の現場を経験出来ました。同い年で話しやすく、現場でわからないことは全て優しく教えてくれました。業務に少し余裕が出てからは、高校生や10代の若手も担当することになり、スカウトにも興味を持ちました。実際に、原宿の竹下通りなどでスカウト活動もしていました。当時の先輩方は驚くほどパワフルで、それでいて仕事はとても丁寧でした。私のマネージャー業の土台を作ってくださったことを今でも感謝しています。そんな事務所を、私は一身上の都合により1年半でスピーディに辞めることになったのです。そのタイミングに知り合いの方からトップコートを紹介してもらいました。

マネジメントのいろは

広報・販売促進との共通項

I　マネージャーとして働き始めてからは、日々サプライズがいっぱいで。入社時に心掛けていたのは、当時32歳でしたが、それまでの経験を一度忘れ、私は22歳の新入社員だ！　吸収するぞ！　という気持ちを持つことでした。社内での1週間ほどの研修の後、「佐々木(希)の現場をお願いします」と言われたのは、彼女が映画の撮影に入る時。何日か現地集合したあと、送迎から合流するようになりました。その後は連続ドラマの現場を経て、1ヵ月ほど新たな映画の撮影で地方に佐々木と二人で滞在と怒涛の日々。激流に飲まれたようでした。

T　社会人経験は活きましたか？

I　活きたこともあるかもしれませんが、頭が硬くなっていて現場での動きに関しては柔軟性に欠けていた気がします。また、ある程度の一般常識がないとインタビュー原稿の校正をする上でも問題点に気づけなかったりするので、学生時代の学習の重要性を痛感しました。高校時代の自分に戻れるなら言って聞かせたいくらいです。あなたマネージャーになるんだからしっかり勉強したほうがいいわよ？って。確認ごとをする上で必要な視点や校正のチェックポイントは、チーフや先輩が丁寧に教えてくださいました。今でもその時に教えていただいたことを指針にしています。また、マナーの知識も必要なことを知りました。ドラマやバラエティ番組での食事シーンなど、見ていて気になることがあれば本人に伝える必要があります。現場にいるマネージャーが見逃してしまうとそのまま放送されてしまいます。「社会人としての経験があるのだから、そこは自信を持って」と言っていただいたのですが、放送の電波に乗ってしまう恐ろしさを実感し、学生以来初めて辞書やマナー本を手に取り、改めて勉強したり調べたりしました。その他、現場での立ち居振る舞いやアーティストをケアするポイントは現場を通して学んでいきました。

声が大きくて早口

T　この業界の人って、声が大きいですよね。話し方に勢いがあって、衝撃を受けました。早過ぎて聞き取れない！と。

I　特に入社当時は驚きました。話を聞きながら、目が泳ぐ感じです。

T　映画やドラマの現場のスタッフもそうですし、マネージャー陣は特に。

I　追いついていくのに必死です。

T　それに1から10まで言わなくてもみんなが内容を理解していて、ポイントで会話を進めていきますよね。

I　そうなんです。何について話しているかを聞き逃し、クエスチョンマークが点灯して固まったこともあります。

T　今、一緒に働いている後輩達はかつての自分と同じかもと思うと、細かく丁寧に説明しなくてはいけないなと。特に私は他業種からの転職なので、だからこそ寄り添いたい気持ちもあります。新入社員にとっては社会人1年目で、芸能界。一般企業に入社するのとはまた違う気がして。

I　様々な状況があるからこそ、意図と目的を間違えると二度手間になったりしかねないし。思い込みで動かないように意識しています。悩んでいる新入社員から質問があった際に、依頼の意図がなんだったのか考えてみたら？　と伝えると、動きやすくなったと言ってもらったことがあって。それ以来、困っている新入社員がいたら「意図と目的」をキーワードとして伝えるようにしています。

T　仕事の内容が感覚的だったりしますから、感じられるか感じられないかには個人差がありますよね。

I　マネージャーによってもやり方が違いますし。どんな仕事もそうでしょうが、特にこの業界では状況も方法もその都度異なります。そんな中、仕事を淡々とやり遂げるみなさんに入社当時は驚きました。あらゆる場所、シチュエーション、色々な方と対面する現場での段取り力、調整能力、交渉力、一般常識やマナーと、あらゆる能力がぎゅっと凝縮しているようです。

先読みと段取りのプロフェッショナル集団

I　例えばチーフ陣の段取り力とシミュレーション能力からは多くを学びました。職業柄なのかもしれませんが、先読みと段取りのプロフェッショナル集団と言える気がします。しかもとにかくスピードが速い、きめ細かい、ホスピタリティの質が高いと、それぞれ能力に個性があって。手土産や差し入れにもストーリー性があったり、アイデアに優れていたりします。だから色々な能力があればあるほど、マネージャーとして強いのかなと。あとはとにかく相手の方に喜んでもらいたいという気持ちを持っていたり、裏方ゆえに控えめではあるけれど実はこんな能力がある、という人が多い印象です。

T　他業種からの転職の場合、強みは沢山あると思います。ただこの業界にも、業界での常識みたいなものは多々あって。一般常識をリセットすることが必要なタイミングもありますね。

I　だから、それまでの経験が結果的に役立っていた、くらいなのかもしれません。転職してマネージャーとしてはゼロからのスタートだったので、覚悟はしていたものの、自分の非力さは想像以上でした。こんなことも出来ないんだ私…と、出張先からチーフに電話したこともあります。落ち込むことは日常茶飯事でしたが、チーフや先輩方、アーティストが丁寧に根気良く教えてくれました。現場でご一緒したスタッフさんも質問すればすぐ答えてくれますし、社内外問わず、結束が強いのもこの業界の特性かもしれません。現場でも新しく集まった人達がひとつのモノに向かって動いていく、結束力を感じます。今でも現場に入ると、その一員になれることにワクワクします。大勢でひとつのモノを作ることが好きな人にとってはたまらない仕事じゃないかと思います。

T　みなさん熱量がすごいんですよね。オタク心というのか、その探求心にはいつも驚かされます。バラエティの現場に続けて行くことがあった時、ある女性タレントのマネージャーが、収録で本人のしゃべったことを全て書き出していたんです。それで放送後に、どのコメント部分が使われたか？　反省会をしていると聞いて。物事を突き詰めるその姿勢に驚かされました。自分がそこまで熱量を込めて向き合えるものって？　と思って。人を育てたいという気持ちがベースにありましたが、そこまでの熱量で向き合えていない自分自身に少し悔しい気持ちもあり、とても印象に残っています。

アーティストとの距離感

三角関係のバランス

T　アーティスト本人とチーフマネージャーと現場マネージャー、その三角関係の中でそれぞれがバランスを取らないといけないと思います。あの時どうすれば良かった？　と、実はいまだに自問自答していることもあったりします。

I　どっちかに立ってしまったと？

T　どっちにも立っていましたかね。私はあくまで会社員。でも人と人との仕事だから…と、決まりきった正解以上のものがあるのではないかと考えました。その経験のおかげで、アーティストとの関係性については冷静に考えるようになりました。

I　私も自分の立ち位置がわからなくなったことがあります。その結果、担当アーティストにストレスを与えてしまったりして、余計なことに踏み込まないと心掛けていたつもりが、踏み込んだ発言をしてしまったこともあります。「余計なことをしない」と改めて心に決めたのもこの経験があったからです。

T　そうなんですね。

I　マネージャーの仕事のひとつに担当アーティストのスケジュール調整がありますが、作品3つを縫うことになって、頭がパニックになったこともありました。優先すべきことは何か？　交渉の仕方を間違えてしまって。それ以来、丁寧かつ慎重に、というのを信条にしていますが、今もスケジュールを組むのは本当に心がしびれます。

仕事の喜び

日々の仕事がどこかで役立っている

T　菅田（将暉）の10周年を、現場マネージャーとして近くで見られたのは良い経験になりました。10周年のアニバーサリーは一度だけ。しかも主演ドラマや映画をやり、音楽ではＬＩＶＥツアーをやり、色々なジャンルの現場を経験出来たのは今の自信になっています。担当の時に菅田から、「もっと自信を持っていいと思います。自分の中にあるクリエイティビティに従って、堂々と突き進んでほしい」という言葉をもらった時は本当に励みになりました。それはいまだに仕事をする上で糧になっていて、だからこそ頑張れています。

I　喜びは沢山あります。イベント会場にいらした方々、みなさんが嬉しそうな姿を見て、胸が何度も熱くなりました。一度に沢山の方を幸せに出来る人の姿を側で見られることや、その仕事の一員であることは喜びのひとつです。だからこそ日々の仕事は、どこかで役に立っているかもしれないと思いながら丁寧に向き合いたいと思います。またアーティストの節目節目に立ち会うこともあるので、そうした喜びもひとしおです。家族は、担当アーティストがテレビに出ていると、側に私がいると想像しているそうです（笑）。それから大好きなモノ作りの裏側が見られることは密かな喜びです。雑誌・広告・バラエティ・ドラマ・映画・舞台…と、学生時代の自分に話したら腰を抜かすだろうなといつも思います。プロフェッショナルの方々の仕事を側で見られる、こんな贅沢な経験はないといつも感じています。

T　本当ですよね。

I　担当アーティストがあるイベントで私の地元に行く機会があり、家族に挨拶をしてくれることになったんです。その時に母が、感動のあまり号泣して。また、ある時の写真集のイベントでは、来場したみなさんが嬉し泣きしてくださったり。そうした熱量を目の当たりにするたびに、アーティストはこういう仕事をしているのだ…と改めて実感します。

T　家族にとっては、私達がどんな仕事をしているのかわかりにくいですもんね。自分の名前が販売・出版物に載った時も嬉しいですよね。

マネージャーとは？

案件を取ってくる仕事

T　ここ3年くらいは、現場を離れて若手をメインに担当することになったのでアーティスト営業あるのみです。オーディション情報や少しでも若手を知ってもらえる機会を作る仕事だと思っています。もちろん現場でのアーティスト本人のケアなども大切だけれど、それ以前に仕事がないと回りません。先輩がふと言っていたその言葉がダイレクトに響きました。今は自分も、その覚悟を持って仕事に向き合っています。

I　確かに仕事を取ってくるのは大前提ですもんね。アーティストにとってのタイミングに合わせて、より良い仕事を取ってくることが大切だけれど、これがまた難しい…。また、マネージャーはどんな仕事か？と聞かれると、私の中で、まだ答えが見つかっていないかもしれません。

T　タイミングもありますよね、担当するアーティストによって変わりますし。今の私は、ひとつでもオーディション案件や、今後制作される作品情報を事務所に持ち帰ることが優先順位として高いけど、数年前なら現場でアーティストが動きやすいようにケアすることです！と答えていただろうし。

I　今の私にとっては、なんらかの方法で会社に貢献すること。だからこそ、ずっと発展途上です。

T　ゴールが見えないから飽きずに続けられるし、そこが楽しいのかもしれません。

これからについて

求人情報って正しい！

I　心も体も元気で、はいっ！　と柔軟に動ける人。そうした人は、どの現場でもすぐに馴染めるように思います。あらゆるシチュエーションの現場がありますし、時間も深夜に及ぶこともあります。日々、働く時間も場所も同じではないので、それを楽しむことが出来る人にはぴったりな仕事だと思います。体力もあるに越したことはないはずです。撮影でアーティストと一緒に登山することもありますし。

T　スポンジみたいな人がいいですね！

I　新しいことをどんどん取り入れられる吸収力と素直さ、向上心があると、様々なことを経験出来る仕事だと思います。

T　オタク心の強い人。好きなものがひとつあるとか、過去に何かを成し遂げた人とか。そうした人は、「この目標に達するにはこうする」という逆算が出来るはず。私にその力があればいいのに…と何度思ったことか。それはアーティストにも共通していると思うんです。

I　適度な一般常識は持っていたほうが良い。マネージャーになったあと、大いに役立つはずです。

T　芸能事務所の求人情報などに「元気で体力のある人、運転が出来る人」とありますが本当にそうだと思います。芸能事務所に入る前は、そんなことある？　と思っていましたけど。

I　ドライブが好きだといいですよね。仕事によっては沢山運転します。

T　求人情報って、かなり的確に書かれているんですね(笑)。

夢は色々

T　ゼロから100を作りたい。これまで身近で教えてくださった先輩達の術を参考にしながら、

I

男女問わず、若い子もベテランもいるバランスのいいチームを任されるような人になりたいです。新人ゼロから100を作れたらいいですよね！ と考えまを見つけて売れっ子にしていけたら、と考えますが、今のあなたに出来ますか？ という自問を経て。今はそれよりも先にすべきことがあると思うようになりました。そこに辿り着けるよう、今は目の前の業務を着々と遂行していこうと思っています。それで突拍子もないことなのですが、いつか海外のエンタメ業界ものぞいてみたいという願望があります。

現場マネージャー
I（女性・40代）× T（女性・30代）

マネージャーと私

萩原利久
杉野遥亮
夏子

萩原利久

■僕のスタートは2回ある

今年でちょうど、トップコートに入って10年。入所したのは14歳の始め頃で、所属順でいうと、今となってはかなり始めのほう。ひゃ～という感じです。

最初の頃のことはよく覚えています。それ以前は、子役事務所に所属していたので、マネージャーという存在に触れるのは初めてではなくて。それだけに自然と、それまでいた環境との対比になっていました。以前は所属アーティストが沢山いたので、ひとりで何十人という単位を担当するのがマネージャーだと思っていて。ところがトップコートは、前の事務所に比べると圧倒的にアーティストの人数が少ないので密になるというか、1対1になるシチュエーションが多かったです。そういう意味で、自分の中のマネージャーというイメージを変えたのが最初のチーフでした。

子役事務所でも何年か、演技レッスンを受けていましたが、ここでは微塵も通用しないな…と思ったのを強烈に覚えています。今までの積み重ねが無意味だった訳ではありません。全くやったことがない状態をゼロだとしたら、0.2からという感じで。子役としてこの世界に入った時を起点に俳優としての歩みを1本の線として考えると、トップコートに入ったタイミングでスタートし直した感覚が明確にあったので、僕のスタートは2回ありました。

最初のチーフに担当してもらった期間は1年もありませんでしたが、所属する前にワークショップを受けたり、色々と鍛えてもらいました。

■いないと成り立たない存在

最初は、この事務所に所属することが第1目標でした。同じような何人かで、オーディションを兼ねたワークショップがあり、その冒頭で「この中からひとりも所属する人が出なくても構いません」と言われ、子どもながらも、これはマジだ！と思いました。

しかも当時、トップコートには僕の世代のアーティストはいませんでした。そして「この世代の子を預かったことがないので、仮に所属しても、我々は手探りです。絶対に売れます！という確約は出来ません。それでも良ければ」と言われた記憶があります。

今そう聞いて抱くほどの危機感を、当時は抱いてなかったかもしれません。わかりました、大丈夫です！というくらいで。逆に、「これまで預かったことがない」と選考からはじくのではなく、その上の世代の人と対等に扱ってくれたことが新鮮でした。子役事務所だと、子ども相手として話す人が多かったので。しかもこの事務所に所属することのメリット・デメリットを、全部隠さずに言ってもらえた。とっても正直に。

当時は中学生だったこともあり、人に気を遣ったり出来なくて。「これはまずかったかな…」などと考えることもありませんでした。大人になってからもそうですが、僕にとってマネージャーって良い意味で、話す時に年齢を感じなくていい。仕事柄話すことは多く、友達でもなく、唯一無二の存在です。その関係性はビジネスパートナーでしょうが、ただドライな関係ではなく、家族より長い時間を共有するし、業務内容も独特で。俳優の仕事は現場に人が集まって、終えて、次にまた違う人が集まって…と、その繰り返し。基本的に出会いと別れが大半を占める中、マネージャーだけが、ずっと一緒に仕事をし続ける関係。

俳優にとって特別な存在で、一言で表すのは難しい。他の事務所の場合はまた違うのかもしれませんが、この関係について、新しい言葉を作りたいくらいです。特に僕の場合は、いないと成り立たない存在でもあります。

■大人が本気で、自分のためにアクションを起こしている

入所して1年ほど経って、新しいチーフに替わりました。その頃、あるオーディションの開始時間を間違え、1時間ほど遅刻してしまって。もう間に合わない！　とチーフに電話すると、とても怒られました。注意ではなく、ちゃんと叱られたのは初めてで。自分が悪いので、怒られるべくして怒られた訳ですが。

ちょうどその頃、ある映画の撮影をしていました。不確定要素が多く、かなり過酷な環境でした。するとそのチーフが、「気になることがあったら全部、すぐに、なんでも言ってください」と。そう言った時の声のトーンから、本気であることが伝わって。そして、本当に守ってくれました。中学生だった自

分にとって、大人が本気で、自分のためにアクションを起こしているのが衝撃でした。学校に通っているだけでは絶対に触れることのない大人の姿でした。中学生が普通、大人のあんな姿は見られないはずです。家族が怒っているのとは訳が違います。

それは、トップコートという事務所を知るきっかけにもなりました。

■アーティストをタイプ別に捉えない

入所した頃は現場マネージャーがいませんでした。いつ頃から付いたのか？　明確にはわかりません。チーフがいて、その下に現場マネージャーが何人かいるというシステムを知ったのもあとのことでした。

入所以来チーフは何度か替わりましたが、仕事を進める上での大きな基盤のようなものは変わらない気がします。振り返って「前のチーフはこうだったけど、今のチーフはこう。この部分はこっちのほうがいいな」と、チーフによって変化を感じることはありません。だからこそ度々担当が代わるのかもしれませんが、そういう意味では、ずっと1本の道が続いてきたようです。これってすごいことのような気もします。一方で、10年単位で担当が代わらない俳優さんもいて、色々なケースがあるなあと。

担当が多く替わるというのは、傍から見てどうなのだろう？　マイナスのイメージを持たれることもあるのかもしれません。僕自身そういう俳優を見ると、会う度に違う人が付いてる！　と、なぜかふんわりと偏見を持っていた気がします。

でも考えてみたら、自分ってもしかしたらそっち側かも？　と人に言われて気づくくらいで、特に自覚はありませんでした。それに、この事務所において度々担当が替わるのはいいシステムだなと。マイナスのイメージは、完全に偏見でした。

チーフが替われば、確かに仕事の進め方は変わるように思えます。でもお受けする仕事の色、その好みは話し合いながら決めるので、チーフが替わったことから影響を受けることは、僕の場合はありません。それぞれのマネージャーと、コミュニケーションがちゃんと取れていたのだと思います。

この人とは、ここが上手くいかないな…と思ったこともありません。それは僕がおしゃべりだからかも？　いや、ひとつひとつの仕事について、なぜこの仕事をやるかを説明してもらっていたからだと思います。「こういうことを吸収してほしい」などと、こちらが抱く、なぜ？　に対する答えをちゃんと提示してくれた。いつも納得して現場に入れました。もちろん中学生の頃は、出演すべき作品をいかに選ぶかはチーフにお任せしていましたけど。

つまりトップコートでは、「彼はイケメン枠だからこういう仕事」「この人は演技派だからこれ」と俳優をタイプ別に捉えるのではなく、対その人そのもので仕事をしてくれるのだと思います。それは僕に限ったことではなくて。年齢や、その時どきの状況を細かく考えてくれている。だから、なぜこの仕事をやるのか？　を説明された時に、なるほど、やってみよう！　と素直に思える。そこは大きいです。子役事務所にいたからこそ、そうしたことを余計に感じます。どちらのやり方が良い悪いではありません。ひとりのマネージャーがやれることにはどうしても限界があるし、所属アーティストが大勢いれば、ある程度はジャンル分けしないと進まない面もあるはずで。そういう意味で、トップコートは圧倒的に対個人。違うやり方を経験したからこそ、そう出来る環境がすごいことだと思うのです。

■クレイジーとクレイジー？

俳優・萩原利久を商品とするなら、マネージャーはその半身かもしれません。本体は僕だけど、それだけでこの商品は動かない。僕自身もマネージャーもパーツで、ひょっとしたらマネージャーは自分よりもっと僕のことを知っています。

それはまるで繊細なパズルのようです。片方が大きかったりして上手くはまっていないけど、無理やりはめればいけるという状態ではなくて。似たようなパーツでごまかすのではなく、きちんとはまるまで付き合ってくれる。マネージャーはそこを追求してくれる人で、そういう関係値が理想です。

同じものを感じて、同じものを見ている。常に共有し、共感するのがいい。そこの小さいズレは全て、きっとなんらかのカタチであとから響いてくる気がします。だから求めるピースは似たものではなく、正確に一致するものを探さないと。とても繊細で膨大な手間のかかる作業でもあって、エンタメが好きであればあるほど良いだろうし、それがマイナスに働くことはないでしょう。時間は不規則だし、いつ寝ているのだろう？　と思うほどに忙しそうでもあって。いずれにしろ決してラクな仕事ではなく、マネージャーという仕事を好きな人でないと不可能かもしれません。

なかでも現場マネージャーはある種アナログなところがあるというか、どこか昭和っぽいのかも。現場というのはイレギュラーなもので、教科書通りにはいきません。瞬時の判断が求められ、そういうことがたまにあるのではなく、高頻度で起きる。マネージャーが対処してくれるから、僕らはそこで最悪な状態を目の当たりにせずに済むシチュエーションが沢山あります。

そんなマネージャーという仕事に興味を持つ時点で普通じゃない、非凡なのかも？　とも思います。アーティスト側も、本当にそう。だからおかしな者同士ちょうど半分ずつ、それでようやく一人の人間になるのかも。簡単に言い過ぎている気もしますが、ぎりぎり使える半分ずつを合わせてようやく一人前になる、みたいな。

よくよく考えたら、表に出ていないだけで、クレイジーとクレイジーな組み合わせなのかもしれません。それでいてやっぱり、お互いに歩み寄る努力が絶対に必要で。その関係に年齢は無関係とはいえ、親しき中にも礼儀ありというのか、相手へのリスペクトは持っているべきだと思います。

■決まった攻略本のない仕事

マネージャーには人を育てる、という面もあります。特にゼロからのスタート、原石みたいな子を見つけて担当することになったら、手取り足取り教えていく。まるで〝激ムズＲＰＧ〟です。常に選択を問われ、育成していく。器用さが必要で、チーフはより育成要素が強いです。

それは、攻略本のない仕事とも言えます。教科書はなく、「俳優はこうすれば売れる」という決まりはないので、その人に合わせて、独自の攻略本を作らないといけない。そこが、モノを売る接客業とは違うところです。担当が替わったらその攻略本をまた始めから読むのではなく、それを１冊作った経験を活かして、また新しい攻略本を作っていく。だから本当に、人と比べる必要なんてないと思います。

断言します、僕には無理です。到底出来ません。自分というパズルをはめようとしていっぱいいっぱいなのに、自分以外の人のピースを探すなんて難しい。自分のことすら100%知ることが出来るかわからないのに、他人のことを100%知ろうとする努力をするなんて！ そんな難しい仕事ってあるか？ と思うのです。

原石を見つけるにも、何をもって「この人のここがいい」と見抜くのでしょう。ある程度の関係性がある人ならまだしも、オーディションの場でどうやって？ 僕はそういう時に、何かが引っ掛かるアンテナのようなものは持っていないと思います。

他のアーティストは、マネージャーをどう思っているのだろう？ 仕事を始めた年齢はそれぞれで、それを差し引いても、人によって言うことは全然違う気がします。

■「マンチェスター・シティ」と「マンチェスター・ユナイテッド」

マネージャーは、コミュニケーションが好きであるに越したことはないでしょう。その能力はあればあるほど良い。スタッフと良い関係を築けるほうが、物事はポジティブに進む気がします。

また現場、チーフを問わず、アーティストごとに対個人で考え方を変えられることが大事かも。経験は大いに活かせるでしょうが、「あの人の時はこうだったから、ここではこうしよう」ではなく、「この人はこういう人だから」という考え方が出来ると良いマネージャーになる気がします。

それからマネージャーにお願いしたいことがあって。インタビューなどで、趣味の話をする時のことです。僕はイギリスの「マンチェスター・シティ」というサッカーチームが好きなのですが、原稿になった時に、「マンチェスター・ユナイテッド」のファンということになっている場合があって。僕の言葉足らずな部分もあるだろうし、後者のほうが有名だから仕方がないのかもしれませんが、そこは「マンチェスター・シティ」にしてください！　それでバスケットボールでは「ゴールデンステート・ウォリアーズ」が好きです。そこだけは絶対、正確にお願いします。

そうしたことを担当になった初期の頃に話しますが、いざ記事が上がってパッと見ると「マンチェスター・ユナイテッド!?」ということが過去に2～3回ありました。基本的にイラッとくることはあまりないのですが、ここのチェックに関してだけは反応も早い。気づいたらすぐに、「これ本当に違うんで」と電話します。

それから、マネージャーは写真を沢山撮ってくれる人がいいです。自分が普段、写真を撮る習慣がないので、いざインスタで告知をしようにも、上げる写真がない！　ということがよくあって。それで現場マネージャーに「写真を頂いてよろしいですか？」とお願いして送ってもらいます。毎度ありがとうございます。だから写真を撮るのが上手だと、尚のこと有難いです。

また何かをこちらに伝える時、なんでもかんでもそのまま話すのではなく、僕が好きなこと嫌いなことを把握し、嫌な思いをしないように避けてくれているのも有難い。いいカタチに変換してから、こちらに投げる。もちろん、ちゃんと抜けがないようにしつつ。

そこもみなさん、対その人で考え、「この人はこういう人だから、こう伝えよう」とそれぞれのやり方で伝えてくれている。それを感じて、すごいなあって。僕にはとても出来そうもない。そうした気配り、アーティストを困惑させない伝え方が出来るって、マネージャーに大事な資質かもしれません。

僕はわりとマネージャーとの距離が近いタイプで。現場でも、しゃべってくれるならしゃべってほしい。重要なシーンの前であっても同じ。難しいシーンだから！　と、特に気にはなりません。たまに、今日は現場に来ないで！　笑っちゃうから！　と思うことはありますけど。

■俳優・萩原利久としてのブランド力を高める

挨拶に関しては、最初に所属した事務所でみっちりと教えられました。そこが第2のスタートでの0.2ポイント分。おかげで、「挨拶しなさい」と叱られたことはありませんが、トップコートに入ってからも、そこは厳しく指導されました。でも…あまり悪事をしてこなかったので、そもそも怒られてきていませんが。

先々の仕事の話をしていてマネージャーから感じるのは、人は人、自分は自分、人と比べる必要はないということです。「〇×さんのようにこうしたほうがいい」ではなく、「あなたはこういう人間だからこうしていこう」「こういう部分が欠けているから、こうしてみたら？」——。歴代のマネージャー陣はいずれも、どこまでも対個人として接してくれました。20歳前後ってそうでなくても色々と揺れてしまう時期かもしれませんが、揺れたら揺れたで、そこにちゃんと耳を傾けてくれた。「この仕事に飽きちゃったらすぐに言ってね」なんてことも隠さず、正直に。

だから僕は、いつでも自分でいればいいと思えました。それで、俳優・萩原利久をひとつの商品として売っていく以上、「僕はこうしたい」というところから全てのアクションが始まっていくのだなと。

それはつまり萩原利久らしさ、俳優としてのブランド力を高めていくことに繋がります。（中村）倫也さん、（松坂）桃李さん、菅田（将暉）さんと、ウチの先輩方はみなさん、俳優としての個性が全く異なって。それでいてどこかに〝トップコート色〟というものがある気がします。それは見えないところ、仕事を進める上での大基盤の部分からくるのかもしれません。

様々な環境が色々な意味でめまぐるしく変化するエンタメの世界で、そうした〝ブランド力〟を守るのはとても難しいことだと思います。

■ファーストチョイスですか？

もしマネージャー志望者の面接官になったら。「（声色を変えて）じゃあ次の方どうぞ、こんにちは」、そこからどんな質問をするんだろう？

やっぱり熱量、物事への探求心はあったほうが良いなあと思います。ここまでやったらオッケーではなく、なぜだろう？ どうしたらいいだろう？ というクエスチョンマークを常に持てる人。でも質問したいのは本当にそれなのか？ ちょっとわかりません。

ひょっとしたらマネージャーって、どんな人でもなれるかもしれません。人から「やれば？」と勧められたり、消去法で他に選択肢がないからとやるにはつらい仕事でしょう。でも、この仕事をやりたい！それがファーストチョイスであるなら、誰でもなれるし楽しめる。俳優もそうで、やらされて出来る仕事ではない気がします。熱量はあったほうが良いというのは、そういうことかもしれない。

だから、やりたいと思うなら、突き進んでみたらいい。やっぱり違った！ということもあるでしょうが、そのあとで判断すればいいと思います。

極論ですけど、動機は例えばあの俳優が好きだから、でいい気がします。「映画好きです」「エンタメが好きです」、または「マネージャーという仕事に興味があります」でもいい。問題は、それを踏まえて本当にやりたいかどうか。その上で、車の運転免許は大事です。

もしマネージャーがファーストチョイスで、現場に行くことも、昇進していくのも、楽しい！と思えたら、それはきっと天職です。楽しいと思えるか、つらいと感じてしまうかで、同じ仕事をしていても結果は全然違ってくると思います。

■理想は、マインドが対等であること

マネージャーとの一番楽しい記憶は、オーディションに受かって電話をもらう時。それはいつも、「今回はこういう作品で、こんなことを学んでほしくて」とちゃんと説明してもらった上で受けに行きますから、いつもシンプルに嬉しい。それ以上に嬉しいことはありません。

また基本的におしゃべりが好きなので、現場が予定より前倒しで終わると、「早く終わったね〜、

やったぜ！」なんて話をするだけで楽しい。移動の時にただしゃべるのも楽しい。

だから年齢は近いほうがいい、という訳ではありません。マネージャーとの関係性を説明するのが難しいと思うのはそこです。年齢は近いほうが話しやすく、年上だと話しにくいかというと別にそんなことはなくて。僕の場合、年齢はあまり関係ないようです。かなり年上のマネージャーとも、ずっとしゃべっていられます。

年齢が近くても、逆にこんな場合もあります。僕は子役からこの仕事をしているので、この年齢にしてはキャリアが長い。そのせいか同じくらいの年齢の人でも、とても丁寧に「よろしくお願いします」などと挨拶されたりします。下手したら同じ年だよね！と思うくらいに丁寧な敬語なんかで。

そこはそれぞれの関係性でやりやすいようにすればいいと思うんです。常にフランクがいいとは思わないし。ただキャリアに関係なく、マインドが対等というのが理想だなと。どちらかが上位に立ち過ぎると上手くいかない気がします。それは仕事だけではなく、友達との関係性もそう。でないと、相手を理解出来ません。

今現在がそうでなくても、そこに向かって努力しようとしてくれる人がいい。それで自分が年齢やキャリアを重ね、後輩が沢山出来た時でも、圧倒的な上位に立つことなく在り続けられる人が理想かもしれません。

萩原利久

■楽しめたら勝ち！

マネージャーになりたい人は就活のマニュアルを学ぶより自己ＰＲ、自分の色をちゃんと理解している人が強い気がします。ファーストステップはまず自分を知ろうとすることが出来る人、そういう人が自分以外の人間を知ることが出来る。それがマネージャーという仕事にも活きるだろうと。俳優と近い部分があるし、全然違うところもあります。

ここでは、人と違うことは短所ではありません。なんでも個性と捉えてもらえる。アーティストの側もそうです。僕は缶蹴り遊びが好きなのですが、まさか缶蹴りで雑誌の連載が出来るなんて思っていなくて。そんな風に、意外なことが具体化されたりします。どんなことも、「そんなこと」と切り捨てるのではなく、そこを起点に、それをどうしたら仕事に繋げられるのか？　と考えてアクションを起こす。マネージャーはそんな仕事です。

だからこそ、目いっぱい楽しんでいただけたら嬉しい。無責任に聞こえるかもしれませんが、この仕事は楽しめたら勝ち！　だと思うから。

人と人との仕事なので、自分一人の力ではどうしようもない部分もあります。どんな人と出会うかを含めて未知数です。僕だって入所した時点で、先々にどんな人がマネージャーになるかなんて正直わからなかった訳で、巡り合わせの要素は大きいです。

どうしたらいい人に巡り合えるのか？　そこもまた、こうすればいいという決まった回答はありません。でも一生懸命にやっていると、会うべき人に会う。良い出会いに恵まれる気がするのです。

杉野遥亮

■マネージャーに何を求めるか？

どんなマネージャーとアーティストの相性が良いのか？　それは人それぞれだと思います。その人が今、人としてどういう成長過程にあり、仕事の内容がどのようになっているかによって変わります。その人自身の個性により互いの相性も違ってくるので、難しいところです。

ならば、僕の場合はどうか。わりと、「こういうことがしたい」「こういうことは苦手」という意思がハッキリしていると思います。元々ひとりの時間が好きですし、芝居にはどうしても繊細で難しい部分があり、ときには現場でぐっと内側に入り込み、周りが見えなくなることもあります。そうなると自分の世界に入って、誰ともしゃべりたくない…と思ってしまったりします。

でも、それで周りの人に不快な思いをさせてしまうのは失礼ですし、決して本意ではありません。マネージャーとはチームですから、そんな時に上手くフォローしてくれたら嬉しいです。

そもそも僕はつい電気をつけっぱなしにしちゃうとか、頑張っても出来ないことも多かったりして、おそらく社会人として至らない部分が沢山あります。人間関係って難しいなと思っていたりもします。全部を自分でやろうとするのは無理なのです。

舞台に出演させていただいた時、改めて芝居って芸術だなと感じました。テレビドラマや映画もそうですが、演じる役柄の内面に寄り添い、それを追求していきたいと強く思いました。そういう内側への掘り下げよりもこう見られるべきとか、表面的なことへの意識が先行してしまうと、その役の感情だけに集中出来ません。集中するためには環境を整えることが大事なので、少しでもそれを一緒に整えようとしてくれるととても助かります。

■人柄と、心のサポートと

マネージャーは、人柄が一番にも思えます。もちろん仕事相手だと割り切ることも出来ますが、生きる目的、生きていく上での方向性、その矢印の向かう先が同じ人が理想です。

僕は嘘をつきたくありません。嘘をつくと、自分が腐っていくように感じられるのです。正直に生きていきたいし、そのことを大切にしています。だからマネージャーも、同じようにそういう部分を大切に進んでいきたいと考えられる人がいい。まずは人としての価値観が、仕事をする上での信頼に繋がるように思います。誠実で心がキレイな人だとやっぱり安心するし、結果的に頼ることが出来るのです。

とはいえ、ある程度の時間を密に接しないと、本当のところはどんな人かはわからないでしょう。出会いや縁の要素が大きいものでもあります。最初から何もかもがピッタリ！　というスタートでなくても、一緒にやっていくうちに相性がいいと思う瞬間があったりする。そんなものかもしれません。

また、僕は自分で考えて行動し、それで失敗したり成功したりしたいという思いもあります。だからそういう要素を理解して、楽しみながら見守ってくれる人もいいなと思います。もちろん家族でも友達でもないけれど、仕事に関して自分の心の内をたくさん話す相手。かなり密に関わりますから、こちらの心をちゃんと見ようとしてくれて、心をサポートしてくれるとすごく嬉しいです。

いずれにしても、マネージャーに求めるものって人それぞれだと思うんです。自分もまだまだ模索中なのかもしれません。

■才能のある人には、その自覚がない

歴史上の人物で、後世に作品を残すような人でも、生きているうちは苦悩したりつらい思いをしている気がします。才能がある人って、自分には才能がある！という自覚がないと思うのです。

マネジメントもそうなのではないかと。マネージャーの仕事、アーティストをサポートすることは難しく、才能があるからこそ出来るものに思えます。特に僕のように、心のサポートを大事にするタイプにとって、それは大変な助けになるし、心強い存在です。

入所して2～3年の頃、社長はまだそれほど沢山話した訳でもないのに、なぜ僕のことがわかるのだろう？ 何度かそう思うことがありました。例えばあるオーディションに合格することが出来ず、自分が悪いのだ…と落ち込んでいた時のことです。たまたま社長と話す機会があったのですが、「いやそれは違うんじゃない？」と言われました。その時、反射的に、そうか、そっちが真実だ！ と思ったのです。社長は仕事で結果を出せなかった僕の心に寄り添ってくれた。自分でも気づいていませんでした

が、その時の自分には、そうした心のケアが必要でした。

そして、社長は本当に僕のことをよく見てくれていると感じました。どこを見て、どう判断しているのかはわかりません。でもそうした実感から信頼が生まれ、自分はありのままでいいのだという確信が持てます。僕らにそう思わせられるというのは、才能という言葉だけでは失礼になる気もしますが、そうした資質をマネジメントの才能があると言うのだろうなと。だからみんな、社長が好きなのだと思ったのです。

それからは、自分のやれることを精一杯に頑張っていればいい。そう思えるようにもなりました。

■一生懸命になれるものしか選択しない

作品に出演させていただく時は企画書やプロット、台本を読み、自分がどう感じるか？を大切にします。出演作を決める過程、その全てを自分でやるのは負荷が大き過ぎると言われることもありますが、僕は自分で決めたい。足を踏み入れるところは、自分の目でちゃんと精査して選びたい。そうでなければ、自分の中の何かが死んでいくような感覚を覚えてしまうのです。

いざ作品に入ったら、もちろん楽しいことばかりではありません。むしろひとつでも嬉しいことがあればそれでいいと思うくらいです。作品に入ってから、これは無理！　気持ちが入っていかない！　なんてことになったら相手にも迷惑をかけてしまうし、自分でも自信が持てなくなってしまいます。それでは関わる作品がひとつひとつ、いい作品にはなりえません。

だからこそ、作品に出演させていただく、そう舵を切るには、１００％いける！　と思える必要があります。きっと楽しめるはず、やりきれる、と思えることが重要なのです。ある作品にまつわる過去のデータがどうであっても、自分が経験したら、それとは何かが違うかもしれない。やっぱり失敗も成功も自分で選択していきたいし、そこから何かを学びたい。データ通りの世界なんてつまらないし、この世界はそんなに簡単なものではないでしょう。

だから自分は、一生懸命になれるものしか選択しません。一生懸命になれる何かがあるからこそ、その作品に参加するのです。するとそれを決める時点で、どうしても迷います。やるべきか、見送るしかないのか？　様々な葛藤が生まれる。マネージャーはそうした自分を理解し、サポートしてくれる存在でもあります。

■しんどいけど、楽しい！　と思えること

どんな人がマネージャーに向いているのか？　やっぱり結局は、一生懸命になれるかどうかだと思います。エンタメは、人に元気や笑顔を届ける仕事です。生きていくのは大変なもので、学校や仕事でつらいこともきっとあるはずです。そんな時にエンタメに触れ、元気を出して明日も頑張ろう！　そう思ってくれる人がいるかもしれない。とてもやりがいのある仕事ですが、それに関わるのはもちろん楽しいことばかりではありません。

そんなアーティストを支えるのがマネージャーですから、つらいこともしんどいことも沢山あるはずで

す。アーティストの中にはすごく横柄な人がいるかもしれないし、注文がやたらに多い人も、全く心を開いてくれない人もいるでしょう。そうしたことを含めて、しんどいけど楽しい！　と思えるかどうか。真面目に真剣に向き合い、一生懸命になれることが大事なのだと思います。

つまりはアーティストのご機嫌伺いに終始徹底するのではなく、それを自分の仕事として誇りを持って取り組んでいる。自分のやるべきことに集中している人は輝いています。心から楽しんでいる人は、一緒にいて、いいなあと思うのです。

そんな自分もまた、マネージャーとしっかり向き合いたいと考えています。一生懸命に前へ出て、その喜びを共有出来るように、自分がやるべきことを頑張りたい。その道のり、そこから得られる感動を共有したい。どうかマネージャーという立場から見ていてください、そう思っています。

■僕は船長

色々と言ってきましたが、シンプルに言うと船長が僕で、船が目的地へと向かうその航海を一生懸命にサポートしてくれる。それが今の自分が求めるマネージャー像かもしれません。船には様々なことが起こります。協力して乗り越えていくことになります。実務能力や心のサポートもそうですが、共に進む中でお互い人として素敵かどうかです。今現在は素敵でなくてもそう変わろうとしているとか、航海しながら仕事をする喜びや大変さを分かち合っていければそれでいいと思っています。

最初からこちらの求める全てが備わっている人なんていないと思います。だから誰か一人との二人三脚ではなく、色々な役割を担う複数の人と組むのがいいのかもしれないとも考えたりします。海外のマネジメントでは、そういう形があると聞きます。以前からそういうことも思っていましたが、20代前半の頃は本当に何もわからなくて。やっと、感じていることをなんとか言語化出来るようになってきたのかもしれません。

どんな作品をやっていけばいいのか？　そこに決まった正解はない気がしますが、結局は自分がときめくかどうか。そう出来たらいいなと思いますし、一緒に歩むマネージャーとはどちらかが上になって指示するのではなく、横並びの関係性がいいなと思っています。

■質問はしない

「あなたの船に乗りたいです」という人が現れたら、自分はどんな質問をするのだろう？　乗りたい人を待つのではなく、自分から興味を惹かれる人を見つけようとするかも。いずれにしろ、とても難しそうです。

志望者を前にしたら、自分で質問をするより、誰かが質問し、それに答える様子をじっくり見るかもしれません。その答えは真意だろうか、それは上辺を取り繕っているだけかもしれない。そうしたリアクションをひとつひとつ見ていくと思います。何かひとつの質問で、その人自身を知れる答えが返ってくるとは思えません。何かを聞き出そうにも、面接の場で本当のことを言うかなんてわからないですから。その人の生き方や人柄というのはひとつの発言からではなく、行動その他、その人の全体で示されるものだと思っています。

それでいて、こちらから無理矢理に船に乗ってもらう訳にもいきません。そこは本人の自由意志である必要があります。だから、本当にやりたいのですね？　と、それだけは確認すると思います。

■現場マネージャーがいないとどうなるか

マネージャーをやる上で、映画や舞台と芸術的な知識があったら、それは何かと助けになるはずです。例えばマネージャーが、「こういう作品があって、ちょうどあの作品のテイストに近いんだけど」なんて話になったら、「あ～知らなかった、ちょっと観てみます」と新しい作品と出合うきっかけになります。そうして教えてもらった作品を観て、なるほど、自分にこんな要素を見出してくれているのか！と気づくことが出来るかもしれない。もちろんそこにいくまでには、そのマネージャーが自分のことをちゃんと知ってくれているという信頼関係が大事ですけれど。

自分にとって完璧なマネージャーはいるでしょうか？　いたとしても、出会えるタイミングがあるのかどうかもわかりません。もちろん自分もまだまだ完全な状態とはとても言えませんから、色々なパターンを経験したい。そういう思いもあり、今、僕には現場マネージャーが付いていません。ここ4～5ヵ月、ドライバーだけ付いてもらい、現場への送迎をしてもらっています。

すると色々なことがわかってきました。例えば無理な頼まれごとをされた時、自分で断らなければいけない労力を考えると、マネージャーが会社の方針だからと業務として断ってくれたほうがスムーズです。また休憩時間に時代劇の扮装をし直したりすると、自由に動けるのは10分ほどしかなく、マネージャーがいればその間にコンビニに行って必要なものを買ってきてもらえたんだなと思ったりします。結果的にその後のパフォーマンスの質の向上に繋がるかもしれない訳で、現場マネージャーがいてくれて助かることがどれほどあるかを実感しました。

まだまだ、試行錯誤の途中。それでも少しずつ様々なことが見えてきて、なんとなく前に進んでいる。そんな気がしています。

■夢のある仕事

マネージャーは難しい仕事です。楽しいことばかりではありません。どんな仕事もそうでしょうが、悔しいこと悲しいことがあり、学びがある。だから人としても大きくなれるし、成長していくのだと思います。そんな毎日をどこかで楽しいな、嬉しいなと思えるなら素敵なことです。誰かに強制されてやれる仕事でもなさそうです。

僕らがやっている仕事は表現や芸術を伝える、繊細なものです。観てくださる方にいかに届けるか？　その心にどう響かせられるか？　月日を経てもまた観たいと思えるものを、自信を持って提供したい。だからこそもっともっと、自分らしくやっていっていいんじゃないかと思います。

僕も学生時代は、色々なアルバイトを経験しました。ベルトコンベアのラインに入ってコンビニスイーツの盛り付けをしたり、深夜のコンビニで店員をしたり。アパレルの倉庫で品番を確認して箱詰めする

杉野遥亮

仕事は、まるで宝さがしのようで楽しかったですが、どの仕事も目標を設定して楽しむための工夫を凝らしても、この仕事は向いてない…と思うことばかりでした。どんなことも仕事だから途中で投げ出したりはしませんが、どうしても自分の心が満足しなかった。心からのやりがいを感じることが出来なかったのです。

きっとどんな仕事であっても、一生懸命になれるのなら、その人に向いているのだと思います。俳優の仕事は、１本の作品に関わり誰かの人生を変えてしまうこともある。マネージャーはアーティストと一緒に仕事をし、信頼関係を築いていくのですから、役割は違っても作品に携わっていると言えます。だから、とても夢のある仕事だと思うのです。

夏子

■思春期の兄妹みたい？

雑誌の専属モデルをしていた学生時代を経て、トップコートに所属しました。チーフには、社会人としてのいろはから教えてもらいました。例えば「明日は×時に○○集合です」というメールが来ても、大学生だった私は読んで終わりで。「まず返信しなさい」、そんな当たり前のことをひとつひとつ教えてもらいました。

教室で挙手して発言するのも恥ずかしいと思うようなタイプで、基本的に人前に立ったり大きな声でしゃべるのも苦手。だからクランクアップの挨拶でも、緊張してほとんど逃げるように挨拶することしか出来ず…。「現場は盛り上がるし、感謝を伝える機会でもあるんだから、長過ぎても短過ぎてもダメ。事前にちゃんと考えておきなさいよ」と。本当に、全部を教えてもらいました。だからチーフの最初の印象は、社会人の先輩という感じです。

決して仲良しこよしではなく、付かず離れずの関係性。それはまるで思春期のお兄ちゃんと妹のよう。以前に比べてダイレクトに話すことも少なくなりましたが、現場マネージャーを通して会話するのがちょうど良かったりもします。お父さんと娘でもいいのですが、どこか〝思春期感〟がある。家族というと大仰かもしれませんが、身内だと思える存在です。

私自身は元々、女優を志していた訳ではなかったので、お芝居を始めてから、何度も壁にぶつかって心が折れることがありました。演技レッスンの先生とぶつかれば、その度にチーフに相談していました。通っていたレッスンは学期制だったので、「じゃあもう1学期頑張ろう！」と励まされて半年、また半年と続けていって。ある時期から、演じることが楽しくなっていました。

初舞台『Back beat』(2019年)が、私の中で大きな転機でした。その時も演出家の方に厳しく指導してもらい、心が折れまくっていたのですが、そういう時に色々と話が出来るのはチーフでした。その存在はとても大きかった。今でも現場にチーフが来ると、謎の緊張が生まれるのも確かなのですが。

■モノ作りの一員としてそこにいる

現場マネージャーの存在は、チーフが現場に来てくれていた時とはまた全然違います。どちらにも共通するのは、身内がいるという安心感です。

つい先日、こんなことがありました。今入っている映画の現場に来てくれているのは、入社1年目の方と、来年入社予定でインターンシップ中の方。インターン中の方は現場に来るのが2回目、映画の現場は初めてでした。当然二人とも、まだ慣れているはずがありません。でもスタッフさんたちと、積極的にコミュニケーションを取っていました。「先日成人式を迎えました」「今日が2回目の現場なんです」なんていうと、共演者の方や周りのスタッフさんはみんな、マジで!? なんて盛り上がって。本当に、肝が据わっています。その姿を見て、ハッとしたのです。チーフが現場に来てくれていた時もそうだった。もしかしたらこれがトップコートの教育かもしれないなと。現場にいるマネージャーがスタッフさんと話してくれることで、私も現場にいやすくなったりします。現場に来るのが二度目なんて緊張するだろうし、普通なら、知らない人と話す余裕なんてないだろうに。それでもコミュニケーションを取って、モノ作りの一員としてそこにいてくれるのだなと。もちろんチーフや、広報の方も現場に来てくれるのですが、思い返すとその姿勢は共通していました。

今の現場マネージャーの二人より、私のほうが絶対に現場を踏んだ場数は多いはず。でも完全に面倒をみてもらっていて、甘えるところは甘えちゃってます。例えば、「次は何をやるんだろう？」と尋ねると、「これだと思います」とすぐに答えが返ってくる。もちろんわからない時もあって、すると「ちょっと聞いてきます！」と即座に動いてくれます。

少し前に自分がバタバタとしたスケジュールで動いていて、余裕がなくなってしまった時がありました。その時、入社1年目の現場マネージャーが付いてくれていたのですが、毎朝コーヒーを買ってきてくれたり、私の好きなグミを買ってきてくれたり、ちょっとした気遣いをしてくれて。とても助けられましたし、顔を見るだけで泣いちゃいそうなくらいに安心出来ました。

■「長電話組」

チーフが直接現場に付かなくなってから、チーフと話す機会はぐんと減りました。その分、話す時には要点を押さえ、「次はこの作品はどうだろう？」「私はこういう作品をやりたい」と、真面目な話をすることが増えた気がします。各チーフによってそうした話し合いの仕方は色々でしょうが、私達の場合はいわば「長電話組」、対面より電話で話すことが多いです。なんせ、思春期なので。年月の積み重ねがあるからこそ、言いたいことのニュアンスはお互いにわかるようになってきました。

私の視野が狭くなっている時、チーフは「こっちの角度もあるよ？」と教えてくれます。そう聞くと私も、それもいいかもな…と思える。基本的に、チーフが舵を切ってくれます。そんな風に色々と提案してくれるのは本当に有難いことです。

そんなチーフは、何かにはまる時期があって。それでいて、はまる対象は移ろっていくのです。例えば韓国ドラマにはまった時は、「こういう作品を観ておくといいよ」という会話の中に出てくるのが、韓国ドラマ一色だったりします。「『愛の不時着』、観てないの？　あの芝居は観たほうがいいよ！」などと言われると、ちょっと観てみようかな…と思う。そうして色々なものに触れる機会が増えるのもまた助かります。

今後について、チーフと一緒に大きな目標を掲げている、という訳ではありません。でも「あの演出家とご一緒したい」「あの劇場に立ちたい」、現場での会話に、そうした話は出てきます。家に帰って改めて、ああやっぱりあの演出家の方の作品をやってみたいと思い、後日チーフに伝えると、「いいじゃん、やれば」と言われます。「なんとか繫げてくださいよ〜」と言ったりして。やっぱり兄妹みたいなところがあるようです。

■人生を変える出会い

チーフは言葉数が少ないほうで、単語がストレートなところがあります。例えば現場でメイクを終えて、「おはようございます」と挨拶すると、「今日、なんか顔がヘンだね」と言われて、ええ!? って。それは「メイクはもうちょっとここを変えたほうがいいかも」とか、「この衣装にそのメイクは違和感がある」とかそういうことだと思うのですが、出てきた言葉が「今日はなんかヘン」だと、これから本番なんですけど…と思ったりして。

でも歳月を重ねると、こういう人なのだとわかるようになりました。きっと、逆もしかりで。私もそれほど流暢にしゃべるほうではなく、チーフは「やる気があるのか?」と思っていたかもしれません。

また「良かったよ」と、なかなかダイレクトに褒めてはくれません。舞台に出演した時の「ゲネプロ」と呼ばれる最終リハーサルや初日を観た夜に、電話での声色がちょっと嬉しそうだったりすると、よし! と嬉しくなります。逆に今ひとつだった時は「頑張ってください…」という感じでわかりやすいので、弾んだ声だった時は、明日からこの調子で行ける! と思えるのです。

一方で、私は負けず嫌いでもあって。何かに行き詰まった時一番に、このまま逃げたりしたらチーフに負けるような気がして悔しい、嫌だ、そんな思いが浮かんできます。だから、出来なかったことをなんとか出来るようにしたいと思う。自分一人だったら、とっくに心は折れたはずですが、どこか試されている気がするから続けてこられたのだと思います。チーフに対する意地のようなものが、自分の背中を押します。やはりチーフとの関係って色々なもののベースになるのですが、他のアーティストのみなさんはどうなのでしょう?

　他社の方で、マネージャーととても仲が良く、プライベートもずっと一緒という人もいます。オフの日に出掛けて、写真を撮りに行ったとか。それくらいなら私もやったことがありますが、一緒に旅行したと聞くと、ええ!? と驚きます。人それぞれだなあと思うのです。

　それでいうとチーフは私が入所した19歳の頃から今に至るまで一貫して敬語で話してくれています。最初から仕事相手として扱ってくれたことでこちらにも自然と責任感が生まれます。だから私も自分より若いマネージャーが現場に来てくれた時は絶対に基本は敬語で話そうと思っています。やはりチーフには、社会人のいろはを教えてもらったようです。

　この人との出会いで、人生が変わりました――。アーティストにとってマネージャーは、そう思えるくらいの出会いかもしれません。

■本当に好きですか?

　エンタメが好きですか? マネージャー志望者には、そんな質問をしたいです。やっぱり、好きじゃないと苦しむことがあるかもしれません。トップコートのマネージャーはみなさんエンタメ好きで、アーティスト以上に映画やドラマ、舞台を観ています。ですからマネージャーを志すにあたり、エンタメが苦になってしまうと難しいのではないかと思うのです。

　だからこそ、本当に好きですか? と聞きたい。エンタメにも色々なジャンルがあります。邦画が好き、海外ドラマが好き、得意ジャンルがあるのはとても良いと思うのですが一方で、例えば担当するアーティストに舞台の仕事が来たら普段手に取る機会がないような難しい戯曲も読まなければいけません。以前現場に付いてくれていた方は、「あまり戯曲を読んだことはなかったけど、なっちゃんの担当になって読むようになって。図書館に行って勉強してみようと思う」と、ポジティブに受け止めて勉強してくれました。

もちろん誰だって好き嫌いはあります。最初は苦手だとか知識がないと思っていたことでも、そこから学ぶことを苦痛だと感じなければ、マネージャー業は色々なことを知ることが出来る楽しい仕事になりうると思います。

■マネージャーとは、母性そのもの

先日たまたま、以前担当してくれていた現場マネージャーと会いました。その時に、「なっちゃん、あの映画観た？」「観てないです」「じゃあ観たほうがいいよ！」とチケットをくれました。ほんの一瞬会っただけでも、アーティストが良くなるために何かをしてあげたい——。そんな思いが伝わるようで、嬉しくなりました。

マネージャーを一言で表すなら母性、という気がします。もちろん男性もいますが、トップコートは実際に女性が多く、親心を持つ人が多いように思えて。男性であってもみなさん愛情深いというか、子どもを育てる母親のような、底力を感じさせるイメージがあります。色で言ったら、会社のカラーでもありますが、赤。社員の人数がそれほど多くないこともあって、家族のようです。懸命に向き合おうとしてくれるし、顔を合わせるとホッとします。

今現場に付いてくれているインターンの方は、専門学校でLIVEのスタッフになるためのコースを専攻しているそうです。なぜマネージャーになろうと思ったのか？　聞いてみました。すると、「終わりがないから」と。「LIVEって、本番が終わればそれで終わりです。でもマネージャーは、アーティストがいて、仕事をし続ける限りは終わりがありません」。そう聞いて、ああそんな考え方があるのか…と気づかされました。マネージャーという仕事の魅力は終わりがないことなのかも、そう教えてくれました。

■マネージャーに向いた人

どんな仕事もそうでしょうが、すぐ反応してすぐに動く。スピード感が大事で、マメにレスポンスが出来るといい気がします。

また現場では待っていることが多いので、それがつらくないといいかも。よく「俳優は待つのが仕事」と言いますが、マネージャーはそういう人間と一緒にいることになるので、忍耐力が必要とされるかもしれません。

そしてもちろん、体力は絶対にあったほうがいい。実際に、トップコートのマネージャーはみなさんとっても元気です。タフで、風邪を引いているイメージがない。健康管理が出来ることも大事です。

それから人が好きで、おしゃべりが好き。生まれつき備わっているのか、やっぱり鍛えられる部分が大きいのか、コミュニケーション能力の高い人が多いです。

私の周りの友達で、この人はマネージャーに向いている！と思う人はちょっと思いつきません。これまで担当してきてくれた同年代のマネージャーは、みなさん本当にしっかり者で。どこで見つけたのだろう？と思うくらい。そう簡単にはいない気がします。入社試験の面接ではどんな質問をするのか？とても気になります。好きなアーティストに会いたいとか、映画が大好きとか、マネージャーへの入り口は色々あるはず。ところがいざ実際になってみると朝が早かったり、夜は遅かったり、気を遣ったり、想像以上の苦労もあると思います。そんなマネージャー業をこなすマネージャー達は強いです。もし別の職種についても、きっと怖いものはないはず。強く大きくなりたい、そう思える人がマネージャーに向いているのかもしれません。

■別れはつきものだけど

ある現場で、朝に撮影があってそのあとで時間が空き、また夜に撮影があるというスケジュールの日がありました。その「中空き」がかなり長い時間で、カフェに入ろうにも近くに見当たらないような辺鄙な場所で。ちょっと遠いけど、スーパー銭湯にでも行こうと思いつきました。すると現場マネージャーが、「じゃあ私も行きま～す！」と言ってくれて。え？　いいの!?　という感じでしたが、一緒にお風呂に入ってすっきりして。夜にまた現場に入って撮影出来ました。マネージャーとそうして息抜きをした

夏子

り、楽しい時間を過ごすこともあります。基本的に、ノリのいい人が多いかもしれません。

実はその方、今度現場を外れてしまうんです。そんな風に、別れはつきものだったりします。この仕事を始めた頃は、それだけで悲しくなってしまって。「すみません、来週から担当が替わります」と言われ、寂しい…と号泣したこともあります。どんなことも話せるし、全部を見てくれている。これから新しい人が担当になったら、どうやってまた関係を築いていけばいいのだろう？ と思って。でも、そんなマネージャーとの距離感も、自分の中で段々とつかめるようになってきました。今はすごく寂しいけど、頑張って！ またばりばりやっちゃって！ と応援する気持ちになっています。

■脳汁が出るのは俳優だけにあらず

マネージャーの仕事って、とても楽しいと思います。もちろん大変な面はあるはずですが、トップコートのマネージャーが「つらい」とか「嫌だ」というのを聞いたことがありません。どんなに大変な現場でも楽しんでくれている。肌感で、そう思えます。これから目指す方も、一緒に楽しめたら嬉しい。モノ作りの現場って、純粋にワクワクしますから。

今そう思うのは、先日出演者兼スタッフとして、自主的にある短編映画の現場に参加したせいもあります。普段の私は俳優部として作品に参加する訳ですが、スケジューリング、ヘアメイク、衣装、カメラマンや照明のお手伝いと、スタッフさんがやってくださっていることを今回やらせてもらったのです。撮影期間は3日間で、オールロケ。ちょうど雨が降ってしまって、寒くもあって。カメラが濡れないようにびしょびしょになりながら傘を差したり、自分の管轄ではない仕事も色々とやりました。寒くてみんなの手がかじかんでいたらあったかいお茶を配ったり。そんな時にふと、水を渡すタイミングもいつもマネージャーが見計らってくれているんだと実感しました。冷たい雨の中で、その有難さが身に染みるようでした。

10人乗りの大きなレンタカーを借りに行って自分で運転したり、機材を運んだり、スタッフ&キャストを合わせても10人ほどで、サボる暇もなくて。撮影期間中は十分な睡眠もとれず、まさに満身創痍で、撮影が終わったあとは体のあちこちが痛くなりました。

ひとつの作品を作るのってこんなに大変なのか！ あまりに途方もないものに思えましたが、今経験出来て本当に良かったです。とにかくきつかったけど、とっても楽しかった。もちろん疲れましたが、それ以上にアドレナリンが出ました。これは演者特有のものかと思っていましたが、そうではなかった。現場にいるスタッフ誰もが同じように、ワクワクして〝脳汁〟が出るのです。マネージャー陣がどんなに過酷な現場でも、つらそうでも嫌そうでもないのは、この楽しさを一緒に体験しているからなんだと身をもって理解出来ました。

だからきっと、マネージャーの仕事は楽しいはずです。あの楽しさは、他では代えがたいものだから。

チーフマネージャー列伝

Y（男性・40代）
K（女性・30代）
M（男性・30代）
N（女性・40代）

チーフマネージャー Y（男性・40代）

子ども時代の記憶

内田有紀さんの友達になりたい！

両親はテレビの観方などには厳しく、「このバラエティ番組はダメ」と言われたり、ゲーム機も買ってもらえなかったです。妹弟とは少し年が離れていて、二人と同じタイミングで寝ていたこともあり、ドラマを放送している時間帯まで起きていなかったので、同級生達の流行りには疎かったんです。小学校4年生の頃、レンタルビデオ店で借りてきた『東京ラブストーリー』を、母親の横で3日間で全部観たのが、初めて観たテレビドラマの記憶です。

でも舞台エンターテイメントには子どもの頃から触れさせてもらう機会がありました。月に一度子どものための演劇鑑賞会に、母親が連れていってくれて、人形劇の『西遊記』が大好きでした。

小学5年生の頃は小室哲哉さんとかMr.Childrenが流行った世代なんです。カセットテープを好きな曲順に録音し、携帯音楽プレーヤーで聴いたりするようになって、芸能人に興味を持つようになりました。その頃、内田有紀さんのことが大好きになったんです。僕の世代は初めて好きになった芸能人って、みんな内田有紀さんだったと思うのですが…。ショートカットでボーイッシュな姿が、本当に可愛かったんです。

内田有紀さんの友達になりたい――。そんな不純な動機から、内田さんの記事が掲載された「明星」の裏表紙にタレント養成所の広告を見つけて、自分で応募し、レッスンへ通うようになりました。それで中学1年生の時に『中学生日記』のオーディションを受け、生徒役として出演していました。

仲代達矢さんへの憧れ

中学では同時に市民演劇に取り組み始め、中2・中3では夏休みに稽古に通いました。そこから高校生になり、母親がまた演劇鑑賞会に入れてくれたので、月1回、市民会館で文学座や青年座など新劇の舞台を多く観ていました。

そこに、無名塾が来たのです。演目はマクシム・ゴーリキーの戯曲『どん底』。その舞台を観て、仲代達矢さんに惚れました。どうしても仲代さんの元に行きたい。高校1年の冬、学校を辞める覚悟で無名塾のオーディションを受けました。無名塾は入塾代や授業料がかかりません。それで、高校を辞めても入れるのではないかとあまり後先のことを考えずに勢いだけで…。

オーディションには落ちたのですが、そこから仲代さんを追いかけるようになりました。仲代さんの出ている映画を観続けて初めて黒澤明監督を知りました。『影武者』を観た時は、ウチのテレビがちょうど故障していて、映像がモノクロ。同じ黒澤監督の『羅生門』などもモノクロだったので、長い間、『影武者』はモノクロ映画なのだと思っていました…。大分経ってから、えっ『影武者』ってカラーなの⁉ と知ったんです。『金融腐蝕列島〈呪縛〉』では、役所広司さんを知りました。仲代達矢という役者さんと出会ったことで、これまで触れることのなかった作品も知ることが出来ましたし、本気でプロの役者になりたいと思うようになりました。

仲代さんが、役者としてのプロフェッショナルについて〝100人が同じ格好をして立っている時に光るものが個性〟というようなことを語っているものがありました。

プロになるのは、自分もその光り輝くものを磨かなければいけない。プロにならなければ。プロになるなら東京だ！ そう思うようになっていました。

東京生活のゆくえ

まさかの挫折、そして

上京してすぐに演劇やダンスの稽古場として使われるスタジオでバイトをするようになりました。僕が演劇好きなこともあり、劇団や演劇制作会社の方達と仲良くなったり、スタジオで稽古をしている作品のチラシをバイト先の掲示板に拡大コピーしてラミネートで補強して貼って、勝手に宣伝したりもしていました。掲示を続けていたら色々な人に喜んでもらえたんです。その様子を知ったスタジオの社長が掲示板を増やしてくれたりしたこともありました。当時、スタジオの周囲には何もなくて暗く怖い、という声がお客さんからも上がっていて、そこに掲示板が光っているのがいいと。好きでやっていたことが、発展していってバイトは楽しくなっていきました。その一方で芸能事務所に所属し、今や第一線で活躍する人達と一緒に演技レッスンを受ける日々を送っていました。

そうして1年ほどが経った頃、神経系の病気を発症してしまったんです。東京に出てきて初めての一人暮らし、無理をしていたんでしょう。すごい汗疹(あせも)が出来て肌が荒れたりもして、東京が合わなかったのかもしれません。医者からは、「舞台や映画など、人前に立つ仕事は周りに迷惑をかけるから出来ないよ」と言われました。

かなりショックでした。だって、まさにそれをやるために東京へ出て来たのに。ちょうど事務所が体制を変える時期とも重なり、僕は契約更新をしないことになりました。病気になって、東京でやりたいことも出来なくなり、もう地元に帰ろう…と決めました。それならば、東京でしか観られない演劇を全部観てからにしようと。

これぞ運命の出合い

そんな中、ある劇団と出合いました。僕が観劇したタイミングで上演していたのはカナダ戯曲で、とても演劇的な設定の話。それが本当に面白かったのです。やりたいこともなくなり、色々と悩んでいた時だったので、心揺さぶられる演劇体験がとても響きました。観劇しながらものすごく泣いたのを覚えています。

それで、ここでお芝居がやりたい！　という気持ちが再燃しました。やってはいけない…というブレーキを感じながらもすぐに電話し、「どうしたら劇団に入れますか？」と聞きました。すると「近々オーディション雑誌に情報が載るので、応募してください」と。多くの劇団が4月入団のために募集を開始する時期があるのですが、それがたまたま電話した翌月だったので、すぐに応募しました。

タイミングを同じくして、とある俳優が役者兼プロデューサーとして関わっている作品に参加し、彼がその劇団の次回公演にゲスト出演するという偶然も重なりました。それが関係したのかはわかりませんが、なぜかするっとその劇団に入れたのです。

そこでまた舞台デビューをし、役者を7年ほどやりました。全国公演をやり、観客動員が2万人を超えて、劇団はずっと上り坂の時でした。僕は劇団の7期生でしたが、「花の○○期」なんて言われていました。劇団も当時所属していた事務所も売り出そうとしてくれていたと思います。入団した途端にファンが100人付きます、みたいな恵まれた環境もあり、役者を続けることが出来ました。

地元に帰ろう…。そう思って観にいった舞台が、振り返ると運命の出合いだったのです。

団員として制作として、劇団で奮闘

男子校の部活のような劇団員生活

劇団は華やかな時期ではありましたが、一方で理不尽極まりないことも多かったです。プロのスタッフさんももちろんいましたが、舞台の周りのことは基本劇団員がやる。特に若手がやる。僕は衣装係で、衣装のしわを取ってアイロンをかけて…とずっと作業しているのに、「お客さんを入れるまでのあと30分で舞台上を掃除して」と言われるので、同期の団員達と掃除機をかけますよね。すると音響の方に「掃除機をかけてるのは誰だ!?」と怒鳴られる。じゃあ、いつやればいいんだよ？ って。同期と愚痴りあったり、誰が掃除をするのかで殴り合いのケンカをしたり。

お給料もギリギリでした。毎日レッスンや稽古で1年のうち３００日ほど拘束され、夜にバイトをしていました。それでいて全くの縦社会で新入りには色々な仕事を振られ、振られたらとにかくやるしかない。芝居は耽美な世界なのに、男性だけの劇団だったこともあり、男子校の部活のようでした。

19歳で入団し、20歳になる年が劇団1年目。18歳で東京に出てきて、まだ1年半しか経っていませんでした。

劇団では、次第に制作にも携わることになりました。結果として、2年半ほど経ったタイミングで、「もう辞めたいです」と伝え、劇団生活に終止符を打つ形となりました。

マネジメントの入り口に立つ

その頃、お世話になっていた演劇プロデューサーから、「今年もう1本、公演を打つことになった。それを作ってくれないか」と言われたんです。

それまでは所属する劇団内だけで公演を作ってきたのですが、その公演では敢えて、別の劇団から1名ずつ役者をキャスティングしました。そのことが色々な人達と知り合う機会になりました。

そしてその舞台をきっかけに脚本・演出を担当した人物と、彼の主宰する劇団を一緒にやろう！ということになったのです。

トップコートとの出合い

舞台をプロデュース

劇団を「辞めます」と言った3ヵ月後、12月に辞め、1月から彼の劇団公演の準備を始めました。

「独立したね、頑張ってね！」と色々な人が応援してくれましたが、生活費のためにまずはバイトも始めました。一方で、その脚本家の劇団以外の仕事のマネジメント業務も担当し、劇団公演の制作、キャスティングの準備をしていました。

すると、ある芸能事務所の方から声がかかったんです。「5～6月の××劇場が空いている、資金は出すから舞台を作ってくれ」と。その話を繋いでくれた女優兼プロデューサーから、「あるドラマの脚本家が、戯曲を書きたいと言っていた」と聞いて一緒に会いに行き、書いていただけることになったんです。

物語の主人公候補として、考えていた役者が中村倫也でした。トップコートに仕事の依頼をすると事務所に呼ばれて、チーフと担当の二人に会ったのですが、稽古期間に10日間、別の映画の撮影があると言われました。舞台の主軸として出ずっぱりの役を演じるのに、10日間不在ってどうしたらいいんだろう？　と。でも彼が出てくれないと、この舞台は成立しないかもしれない。少し稽古期間を延ばし、その10日間は稽古を休みにして、その他の役者もキャスティングしていきました。

舞台『青年Kの矜持』、それがトップコートとの出合いでした。

マネジメントの勉強がしたい！

舞台『青年Kの矜持』の公演が終わったあと、依頼をした時にお会いしていたチーフと担当のマネージャーに呼び出されました。

クレームだろうかと思っていたらそうではなく、「マネージャーをやりませんか？」という話でした。マネージャーを探していたらしく、「『青年K』の現場にいる子がいいんじゃない？」と、中村の担当が言ってくれたみたいです。

僕は担当する演出家兼脚本家の劇団の制作をやっていたので、プロデュース的なこともやりながら、スケジュールの調整も担当していました。マネージャーのようなことをしていた訳ですが、マネージャーとして全く経験がなかったので、ここから彼をどうやって売っていけばよいのかわからなくて悩んでいたんです。

そして、マネージャーに興味があります！ と返事をしました。

劇団は公演を打つことで成り立つので、その制作をやっていても、演出と脚本を手掛ける人間をいかに外部に売り込むかという経験は出来ません。だから、マネジメントの勉強をしたいと思っていました。

もっと言うと、テレビや芸能事務所は広告の世界というイメージがありました。演劇の世界ってそことの縁が薄い。大型ミュージカルなどでない限り、「××プレゼンツ」って目にしませんよね。どうやって演劇を多くの人に伝えるか？ チケット以外の収入を如何に得るか？ そこを勉強したいという思いは劇団にいた頃から強くありました。だからマネージャー業に興味があっただけでなく、どうしたらそういうプロデュースのノウハウを知る機会に出合えたり、学べたりするのだろう？ と思っていたのです。

入社までの道のり

当時はどこかの会社に属するのではなく、個人で動き始めたばかりだったのでトップコートに入ることに迷いがなかった訳ではありません。マネージャー業には興味がありましたが、自分の出す条件が叶わないなら入社は止めようと思っていました。

トップコートに入ることで、それまで出会ってきた人達との関係はどうなるのか？ という思いもありました。その迷いに対して、「全ては自分の今後の動き方で決まる。それでいいんじゃない？」と社長が仰ったんです。気持ちがとてもラクになりました。自分が今後何かを学び、そこから彼らにプラスになる生き方が出来れば、それは彼らにとっても好機になるはず。そう思えました。

マネージャー1年生

これぞカルチャーショック

トップコートに入ってまず、松坂桃李の現場に付きました。新しくマネージャーとして働き始めた訳ですが、とにかく必死だったせいもあって驚きのようなものはあまりなかったかもしれません。とはいえ最初に驚いたのは、全国３００館規模で公開する映画の主役というのもあって、宣伝で地方に行く時の飛行機がアップグレードクラスだったことです。

僕にとっては人生初のアップグレードクラス！　でもアーティストは疲れているから、乗ったらすぐに寝る訳です。陶器のカップでコーヒーが出てきたり、温かいふかふかのおしぼりが出されたり。お弁当が重箱みたいな段になっていますけど、俳優は寝ていて食べてないですけど、僕だけ食べちゃってもいいですか？　みたいな。劇団の時とのギャップがすご過ぎてずっと驚いていました。

マネージャーの実務に戸惑うことはありませんでしたが、組織の中で働くことには慣れないこともありました。色々な人にお伺いを立て、確認しながら物事を進めていく。そういう組織人経験はなく、立ち居振る舞いのようなことは、「個人でやっていたから、やりづらいところがあるかもしれないよ」と事前にアドバイスとして役員から言われていました。

確かにやりにくさがない訳ではありませんでしたが、苦しい…とまではならなかったです。その部分も経験、そういうものだろうと思っていました。

失敗談と、嬉しかったこと

恐怖のトリプルブッキング

現場マネージャーとして、チーフに助けてもらいながらあちこち営業していました。そこに以前、僕が舞台をプロデュースした時にご一緒した脚本家が担当するドラマ企画があり、プロデューサーに会いにいったんです。でも「その子に合う年齢の役がない」と言われたので、仕方なくチーフに、「ちょうどいい役がないみたいなので。次にいきます！」と一度その作品の営業を諦めました。

でもせっかくだからその脚本家に担当アーティストを知ってもらおうと、久しぶりに「今はこの人を担当しています」と紹介メールを送りました。すると2週間後、そのドラマのプロデューサーから電話が掛かってきて、「その人に合う設定の役が出てきたんですよ」と言われ、やります！と。

すると別の放送局のドラマからも声がかかり、また別の局からも。後者はアーティストの出演する舞台に何度もプロデューサーや監督をお呼びして、約1年くらいかけてそのドラマをやりたいと言い続けて。ようやく撮影が出来ることになった時、他の2本と時期が重なってしまったんです。

チーフに相談すると、「どれかは諦めたほうがいい」と言われたのですが、アーティストが求められたことが嬉しくて、全部やりたくて、諦めきれずに、全てを引き受けたらある1日だけ、トリプルブッキングをしてしまったんです。

アーティストに大変な思いをさせ、他のキャストに対して、「すみません」と本人が謝らなければいけない状況を作ってしまった。それは本当に大きな失態でしたし、マネージャーの仕事を見つめ直す大きな出来事でした。

もちろんチーフにものすごく怒られました。一緒に関わった全ての人に頭を下げて謝りにまわってくださったあと、「このトリプルブッキングは頑張って営業した人にしか起きないことだから。もう気にしなくていい。これで済んだから」と言われたんです。

その言葉に、当時はとても救われました。

スケジュールに関しての失敗は色々あります。局のプロデューサーだけと話していて、実際にスケジュールを組むスケジューラーと引き継ぎが上手くいかなかったとか。やりとりをメールに残さず、口頭だけで進めてしまい、「なんとかしてみます」と言われたことを「イエス」と解釈してしまって…とか。

迷惑をかけてしまっている状況の中でも、優しい言葉をかけてくれる方もいます。「大変な状況なのはわかります。希望に100％沿うことは難しいかもしれないけど、出来るだけ協力します」と、結果調整が叶わなくても、その言葉がとても残っていたりします。

後日、そのプロデューサーから別の作品のオファーを頂きました。以前お世話になった時とは別の俳優でしたが、その作品をお引き受けすると、また作品を縫わなくてはいけない。でもその方なら、同じ目線に立って相談を聞いてくれるはず。そんな信頼感がありました。だからやらせていただこう、と決められた作品もあります。

今、チーフマネージャーとして

勝手に理想像に当てはめない

アーティストは一人一人違いますから、それぞれの好みも日常的に接していなければわからないですし、人ですから好みも変わったりします。その変化は、接していると自然とわかると思います。以前、現場マネージャーに「気づくためにはどうしたらいいんですか？」と聞かれたことがありますが、具体的にこうしたらいいなどの答えはあるのか？　と思ってしまうのです。メモをしたりしたこともないしな、と。アドバイス出来ることがあるとしたら、「とにかく2つ先のことを考える。先回り出来るようになる」とか「現場で邪魔になるかもしれない時は視界に入らない」とか、正解というより失敗しないための思考や動きです。それでもアーティストによって違ったりしますから、「現場マネージャーに何を求めますか？」とアーティスト本人に聞いたほうが早道かもしれません。

僕自身、アーティストに作品をプレゼンするのは全然慣れていません。誰もがオファーは嬉しいものでしょうが、やりたいかやりたくないか、自分の意見を言ってはいけないと思う人もいるようです。すると「どちらかというと嫌じゃないけど…この部分は良いと思います」などと、そうした言い回しに込められたニュアンスをすくいとることが出来ず、本人がどこかで懸念を抱いているのに話を進めてしまって。実際に作品が動き出してから、なんらかのトラブルが起きてしまったりします。

チーフマネージャー
Y（男性・40代）

アーティストとマネージャーとで、好きなタイプの作品が違うこともあります。僕が良いと思う作品は、ことごとく好みが違うかもしれない。そういう場合でも、最終的に演じるのは彼らですから。結局は、そういう資質を備えたアーティストをいかにプロモートするかということなのかなと思うようになりました。これは絶対に良い作品になるはず！　と思うのは僕の感覚です。もしそれを本人が、自分の意に反して受け入れてくれたとしても、結果としてアーティストの良いパフォーマンスには繋がらないと知りました。

彼らの資質にいかにして光を当ててもらい世の中に伝えていくか？　それらをアーティストのやりがいに繋げてキャリアとして還元出来るか？　理想の役者像を彼らに当てはめようとするのではなく、既に彼らの中にあるものを如何に最大限に引き出すか？　それがマネージャーとして一番大事な仕事だと思うようになりました。

営業のやり方の正解って？

マネージャーとは、出合いを手助けすることも仕事だと思っています。彼らが目の前のことを一生懸命にやっている。その先で何と出会うかを想像したり、そういうきっかけを一緒に作っていく人。でも…アーティストに出会わせてもらっている部分が沢山ありますから、まだ何を支えているのかわかっていないです。

それでいて、営業の仕事だとも思います。僕は営業が好きなんです。「出会い」というのも営業の感覚があります。この人とこの人を繋げてこういうプロジェクトを作る、そうしたプロデューサー的なことではなくて、色々なものの情報を集めて、今！　というタイミングを探って売り込む。出会いって本当にタイミングだと思うんです。タイミングが合った時には、「運命だ！」と思います。単純ですよね。

自分の営業のやり方に関してはまだ模索中ですが、理想はあります。営業をしていて、相手から相談される人になりたいです。他社のマネージャーで、尊敬している人がいるのですが、その人の営業って、自社のタレント以外も、良いものは良い！　と言ってくれるんです。「この間のこの映画が良かった」「あの作品のあの役者が良かったよ」と教えてくれます。

プロデューサーが「こういう役でこういう役者」と探している時、そういう相談が出来るマネージャーは強いだろうなと。作り手の方と気軽にそういう話が出来るようになりたい。

そのためには常に勉強していないといけないし、常に情報を集めていなければいけません。まず外部の人にそう思われなくても、社内の人からそうして頼ってもらえるように頑張ろうと思っています。

それといつかはまた、自分で舞台を作りたい――。その思いはずっとあります。でも焦ってはいません、いつか必ずやるものだと思えていますから。やりたい戯曲も決まっていて、理想のキャスティングを叶えようと思っています。

チーフマネージャー K（女性・30代）

子ども時代の記憶

気を遣う女の子

　勉強よりも外でドッジボールや鬼ごっこをしたり、体育や音楽が好きな子どもでした。4～5歳でクラシックバレエを習い始め、プロで活躍されている方の写真集や映像を観て、小学生の時にちょっと悟ったんです。こういう動き、技術面を含めてシルエットや体のラインというのは、頑張ってどうにか出来るものではないのかもしれない。人には表舞台に立つ人と裏方に徹する人という役割分担というものがあるのだと、わりと早い段階でそう気づきました。

　それでもバレエは楽しいし、少しでも接していたいと思いながらレッスンに通っていました。お友達も先生も好きだったので、習い事というより遊びに行く感覚に近かったですね。

　兄弟は2歳上の兄がひとり。母によると、幼稚園の時から人に気を遣い過ぎる子だったみたいで。「みんなで仲良くしなきゃいけないのに、××ちゃんと○○ちゃんはケンカばかり。どうしたらもっと仲良くなってくれるかな…」などと考え込んで、私は覚えていませんが円形脱毛症になっていたこともあったそうです（笑）。

小学生までは学級委員をやるタイプだったのですが、中学生になってからは、みんながみんな仲良くなるのは難しいし、無理なものは無理…と物事を客観視してしまうタイプになっていきました。

中学時代

高校受験に向けて自宅で過ごす時間が増えて、勉強したあとに夜放送しているテレビを見ることが多くなり、その時に見たドラマが『GOOD LUCK!!』でした。そこからバラエティ番組も見るようになり、俳優さんがゲストでトークしたりコントをしたり、演技以外でもこういう一面があるんだな…とエンタメが気になり出した時期でした。

映画好きの女友達が出来る

私が小さい頃から両親は、劇団四季のミュージカルをはじめとした舞台や美術館などに連れていってくれて、レンタルビデオ店で映画を借りて観たりする時間も沢山作ってくれていました。『キャッツ』や『ライオンキング』のサントラを聴いたりしていて、それで私も音楽が好きになったのかもしれません。

高校に入ると映画好きの友人が出来て、映画館に映画を観にいくという愉しみが増えました。ちょうどドラマなども観るようになった時期に『パイレーツ・オブ・カリビアン／呪われた海賊たち』や『ロード・オブ・ザ・リング／王の帰還』も公開されて。ストーリーも映像も音楽も素晴らしく、映画館で観るべき作品だと衝撃を受けましたね。

そして、その友達と学校の図書館でハリウッドスターが載った雑誌を読むようになりました。『ブラザーフッド』を観たあとは、韓国映画も面白い！ とジャンルを問わずに色々な国の映画にも興味が湧くようになっていきました。

そうしてエンタメに触れていく中で、パフォーマンスする表に立つ人の近くにいる人ってどんな人でどんな仕事をしているのだろう？ 進路を考えていく中で気になり始めていました。

当たるも八卦！ ５００円占い

高校に入り進路を考えた時に、まずは実家から出て東京に行きたい！ という漠然とした、でも強い思いがありました。田舎で育った私は、自分の知らない土地に行って、自分で生活してみたいという好奇心が強かったように思います。それが当時の私の中では東京という地だったんです。

そしてその次に思ったことは、エンタメ業界に関わってみたいのかも…というふんわりとした気持ちでした。高校は進学校に行ったものの、早く仕事をしたいという気持ちもあり、大学ではなく「東京専門学校　エンタメ」とインターネットで調べて、一番最初に出てきた学校の資料を取り寄せました。

調べていくうちに、マネージャーという仕事があるのか…と知って。今よりもマネージャーの仕事とはどういう仕事内容なのかの情報も少なく、芸能人の近くで働く人＝マネージャー、そんな安易な想像で、エンタメ系の専門学校に入れば、その世界に近づけるのかもしれないと思いました。

当時、近所に500円で占ってくれる場所がありました。高校生のノリで友人と行ってみた時に「あなたは芸能に関わるよ」と言われたことが頭の片隅に残っていて、なんだか今考えると芸能に関わる一歩を踏み出す後押しとなった出来事かもしれません(笑)。

怒涛の現場マネージャー時代

トップコートとの出合い

専門学校に通い始めて2ヵ月ほど経った時、「このままではまずいかも…？」と思ったんです。自分から何か動かないと、ここで座って授業しているだけでは就職出来ないなと。そう思っている時に、偶然、特別授業の講師でトップコートの人が来てくれて。当時トップコートにはアーティストの養成所がありました。実際直接講義を受けたのはその一度だけでしたが、このきっかけを逃してはいけない、芸能界に携わっている人と巡り合えたのはチャンスだ！ と思い、講義が終わったあとに、「お手伝いがしたいので、何かあったら声をかけていただけませんか？」とお願いしに行きました。上京したいと思った時と同じ、まさに直感で動いたようなものでした。
それをきっかけに、トップコートにインターンシップとして手伝いに行くことになりました。イベントでのチケット受付や養成所のスタジオの鍵の開け閉め、養成所の発表会のお手伝いなどをしていました。

半年ほど続けたくらいで、その年にトップコートでは新入社員を採用したということを知り、そうか…だとしたら自分はこの会社に入ることは出来ないんだなと。そう思いながら手伝いを続けていた時、当時所属していた芸人の桜塚やっくんの担当の方が産休に入ることになったので、現場マネージャーを急遽探していると聞いたんです。「やってみる?」と聞かれ、2つ返事で「いいんですか私で。やります!」とすぐ専門学校2年生の5月に入社することになりました。

専門学校の授業はまだ1年ありました。でも早く仕事をしたいという思いと自分がやりたいと思っていたことでもあったので、学校にも会社にも相談し、最終的にはきちんと専門学校を卒業することが出来ました。

授業のために仕事を休むのは、正直言って気が進みませんでした。でも会社も「頑張って、きちんと卒業はしなさい」と働き方を考えてくれましたし、学校の出席の足りないところはレポートや提出物で補い、学校側も理解してくれて両立出来ました。

ちゃんと話を聞いてくれた、学校にも会社にも感謝ですね。

ド素人の学生、現場に放り込まれる

私が担当した当初、桜塚やっくんは『エンタの神様』でとても忙しい時期でした。私は19歳で入社し、そこから訳もわからずとにかく現場に行っていました。

テレビ番組の他にも、雑誌や広告など色々なジャンルのお仕事が沢山あり、そして毎週末、地方営業にも沢山同行しました。トップコートには他にお笑い芸人はいなかったので、他社の芸人さんと共にお笑いＬＩＶＥに出演したり、学祭の時期には1日4本行ったり。インターンシップの時はアーティストの近くにいた訳ではないので、最初はマネージャーとしての仕事がどういうものか全然わかりませんでした。ド素人の学生が、いきなりこの世界に放り込まれたようなものです。

18歳で東京に出てきたので、地理も全然わからない。レギュラー番組の収録場所の東京タワースタジオでは、「わぁ東京タワーだ、キレイ！」。そして『エンタの神様』の収録では、「日本テレビのビルって高い～」。そんなレベルでした（笑）。

しかも芸人さんって、当時現場マネージャーが同行しない方が多かったように思います。私もチーフが一緒に行ってくれることは少なく、いきなり担当を任されて。…え？　私は何をすればいいのだろう？　こうかな？　ああかな⁉　と全てが手探りでした。でも現場には一緒に行かなくても、チーフはとても優しくて。遅くまで働いたあとでも、わからないことがあると会社に戻り、「こういう時ってどうすれば良かったんですか？」とひとつひとつ私の疑問に答えてくれていましたね。

チーフマネージャー
K（女性・30代）

当時は現地集合・現地解散で車での送り迎えはありませんでした。現場では、アーティストに「何かあったら言ってください！」とまずお願いして。「何か買ってきて」と言われたらすぐに買いに行くとか、支度の合間に「こういうスタジオか」と見ておいたり、時間を気にしたり。まずはそこからでした。

お笑いのことも知らなかったので、イチから勉強しました。色々な芸人の方と番組や地方営業でご一緒した際に、どちらの所属事務所なんだろう？　と、まずはそこから勉強していきました。色々な芸人さんのネタも沢山観ましたね。あとはとにかく忘れないようにノートを作り、誰から何を言われたかをひたすらメモしていました。日々処理しなければならないことや新しい情報が多過ぎて、しかもスピードが速い。後回しにしてしまうと、もうそこには戻れません。だから予習復習をしないと全然ついていけず、日々待って〜！　という感じでした（笑）。でもそうこうしているうちに、お笑いが大好きになっていました。

聞いてもらえることを増やそう

やっくんの担当を1年半ほどやり、そのあとで俳優、女優を短い期間ですが、担当しました。女優の担当になって最初に行った現場が、写真集の撮影でまさかのヌードの撮影があって。チーフはその現場にはおらず、私はいったいどういう佇まいで何をすればいいのでしょうか？　という感じでした。本人は支度を終えてどーんと構えており、どうしていいかわかりませんでした（笑）。「飲み物とか、何か欲しかったら言ってください」とただ現場に棒立ちしているだけでした。

22歳で、現場マネージャーとして佐々木（希）の担当になりました。彼女にとって、私は3人目の現場マネージャー。とても忙しい時期でもあって、お芝居を始めた頃で、『レコ☆H·its！』『ぐるぐるナインティナイン』の〝ゴチになります！〟や『笑っていいとも！』のレギュラーになった頃でした。そして、新しく2つの女性誌でモデルを始めたり、広告撮影や音楽活動もあり、毎日現場でした。

それまで私はモデルの世界を知らず、洋服には小さい頃から全く興味がなくて。どうしたら、佐々木ともっとコミュニケーションを取れるようになるだろう？　共通の話題を見つけないと話しかけることも出来ないと、まずはファッションについて勉強しました。「これってどう思う？」と自分に聞いてもらえることを増やさなきゃ、と思ったのです。誰だって、何もわかっていない人に、どう思う？　とは聞かないはずです。アーティストにそう聞いてもらえるのは重みのあることだなと。「次は何時だっけ？」でもなんでもいい。答えられなくて、動揺しないように、いかに先回りして把握することが出来るかだと思っていました。

例えば朝、現場に向かう車の中で、「今日のシーンって…」という話になった時、運転中なのでその場で台本を開くことは出来ません。そこで聞かれた時に答えられるように事前に、その日に撮影するシーンなど自分なりのメモをよくダッシュボードに貼っていましたね。セリフまではもちろん覚えられませんが、ある程度の時間軸を把握し、「××のシーンです」くらいは答えられるように。撮影スケジュールなども同様に香盤表を頭に入れておけば、「今日は大体何時に終わる？」という質問にもすぐ答えられます。「このシーンを撮り終えたら移動があるので、その間に寝られます」とか、「このあとご飯が食べられます」とか。そして現場に着き、アーティストが支度に入ったら、常に帰りのことを考え始めていました。帰路は車に乗ったらスムーズに出発出来るようにナビの入れ方や入れるタイミングも自分なりに研究しましたね。アーティストが乗り込んだ時に入れていたら時間がかかるので。

まずそうしたことを円滑に行えないと認めてもらえないだろうし、現場に同行している意味がないなと思い、それをやってプラスアルファ、他にやれることを見つけてやろうと思っていました。

失敗も沢山しました。佐々木に付いてすぐ「車を運転してください」と言われて、「運転出来ないんです…」と言ったくらい。ペーパードライバーだったんです。チーフからは「頑張れ！」と言われたので、まずは頑張ってみよう、頑張るしかないんだ…と。でも本当に出来ない。そんな私の姿を見てチーフは、「この子もしかしたら辞めちゃうかもしれない」と思っていたそうです。それ以前に担当してきたアーティストは電車移動で、免許を取ってから東京では車を運転しておらず、地理感覚もない。失敗して落ち込んでも、実家に帰る余裕もなくて。とにかく先輩が運転してくれる車の助手席でポケット地図をひたすら見て、「ここの交差点を曲がって右」などと、どの地域に何があるのか？ルートを確認し、「ここからここまで何分」と時間を計って常にメモしていました。ナビはありましたが今のように渋滞情報などはあまり正確ではなかったのです。ピックアップ時間の計算も全然出来なくて、運転は本当につらかったです（笑）。でも基本的に負けず嫌いなので、やることになったらやらなきゃ！と覚悟を決めて頑張りました。

大人も子どもも、男性も女性もミュージシャンもタレントもモデルも俳優も、これまで沢山のアーティストを担当してきましたが、「やって！」と言われたらいつも、「はいっ！　頑張ります」と。その後はチーフも色々と替わり、仕事のやり方も変わって。そうか、チーフによって変わるんだ…とわかったのが21歳くらい。そうしてひたすら現場に没頭し、気づいたら8年の月日が経っていました。

仕事を通して趣味が増える

現場マネージャーの時は現場に注力して、そこで何が出来るか？　が大事なのだと思います。スタッフとコミュニケーションを取るのも大事。ただ漠然と現場にいるだけだと時間はただただ過ぎていってしまう気がします。それでハッと気づいた時には、「あれ私、引き出しを何も持ってないかも…」って。「新人を担当して」と言われた時に、「この作品もあの作品でもご一緒していたのに、相談出来る人がいないぞ？」ということにならないように、現場を担当していた時から意識はしていました。でもタイミングを間違えたらただのおしゃべりですから、その点は難しかったです。

現場にいると、周りには色々なマネージャーがいました。この人はアーティストと信頼関係があるなとか、失礼ながらこの人に聞いても求めている解答は得られそうにないかもとか。自分で考えて動いている人かそうでないかは、分析していた気がします。

考えて動いている人は、あと何カットで終わる、ということもちゃんとわかっているので、撮影現場では、そういう方から沢山学びました。ずっと撮影を見ていなきゃいけないのではなく、ポイントだけを気にすれば合間に別の仕事も出来ることに気づいて。徐々に出来ることを増やしていきました。例えばモニターを見ながらメールを返し、撮影でポイントとなるところは見ておき、回答期日の迫った案件について撮影の合間に本人と相談してスケジュールを組む、とか。色々なことを同時進行で出来るようになっていきました。

佐々木の現場に付いた時はそれだけに特化していました。現場マネージャーは7〜8年ですが、濃厚な日々でした。それをやり切れたのは、やっくんを担当した時間が大きかったと思います。結局は自分で考えなければ回っていかないということを経験出来たのは貴重でした。じゃあどうすればいいのだろう？ そっか、考えるのは私か！ って。やっくんは地方へ行くことが多く、電車や飛行機にも沢山乗りました。佐々木の担当になると、海外へ行くことも多くなり、それで私は海外に行くことも大好きになりました。お笑いもそうですが、仕事を通して趣味が増え、人として成長させてもらったと思っています。

〝寄り添い型〟のケアで絆が生まれる

佐々木に付いて半年ほど経った頃、『土俵ガール！』（2010年）という連続ドラマがありました。連ドラをやるようになってまだ間もなく、初めての主演で。中村（倫也）も出演していたのですが、撮影は過酷でした。ロケ地も茨城の土浦のほうで遠くて。暑い時期で、稽古場での土俵シーンは熱気がこもり、ホコリだらけの砂だらけ。どうしたら彼女のパフォーマンスが上がるだろう？ 冷たいものはあったほうが良いよななどと、色々自分なりに考えてケアしていました。敢えてケアしないというスタンスもあるでしょうが、あの状況ではやらなければ成立しないかも…と思い、傍から見たらマネージャーとしてやり過ぎかも？ と思いながら動いていました。

そうして〝寄り添い型〟で、撮影を最後までやり切って。その時はそれまでに感じなかった達成感がありました。この作品を通じて、なんでも話をしてもらえる関係性になっていった気がします。自分としてはアーティストとマネージャーの関係性として距離感は意識していましたが、本当に毎日現場があり、日々長い時間を過ごしていたので、傍から見たら、距離感が近い！ と思われていた気もします。年齢が近く、彼女はどれだけ忙しくて大変な状況の中でもあんなに頑張っているのだから…と私自身もすごく感化されていましたね。

チーフマネージャー
K（女性・30代）

チーフは気を遣うのが仕事

私についてこい！ではなく

チーフになってからも「みんなは何をやりたい？」「目的は何にする？」とか、「その目的にどう持っていく？」と現場マネージャーと一緒に考えていくタイプです。もちろん戦略を立てない訳ではないのですが、私の意志を共有していくのとは違います。そういう意味では、チーフマネージャーです！と胸を張り、私についてこい！というタイプではありません。

引っ張っていかなきゃ、という思いはありますが、みんなにも同じ気持ちになってほしいですし、責任を同じように感じてほしい。担当アーティストをチームみんなで一緒に担当しようね、という感じ。そういう意味では特殊かもしれません。

現場マネージャーを、特定のアーティストの専属にしないのもそう。その人だけしかマネジメントを把握していないのは怖いです。働き方改革に沿うという意味合いもあるかもしれませんが、みんなで共有していれば、担当者が休みの間もメールを返信しておくとか、他の誰かが仕事を進めることが出来ます。

担当についての大枠はあって、「この時期は××が担当」という取り決めはありますが、その間もアーティストのことはみんなで共有します。全体を見てほしいのと、人によってやり方が違いますから。例えばアーティストによってそれぞれのやり方を誰もが出来たほうがいいし、みんなで満遍なく見たほうが偏りがなくなると思うんです。自分もそうですが、一人でやるとどうしてもその人の好みが出てしまいます。だからみんなが良ければいい。無責任な意味ではなく、私はちょっと気になるけど、みんなが見て気にならないなら進めて、と。

私が細かいというのもあります。だからみんなにも細かいことに気づいてほしい。みんなでフォローし合う態勢になってほしいという気持ちがあるのです。

現場マネージャーはのびしろだらけ

現場マネージャーとチーフは対等だと思います。そして現場マネージャーは、その道のプロになるしかない。20代の前半から、「××担当のマネージャーさん」と言われるより、「トップコートのKさん」と言われることを目標にしていました。アーティストが横にいないと誰なのかわかってもらえないのは悲しいなと。

若手を担当することになった時は、佐々木の現場も並行してやっていて。そうか、私だけでこの子達を営業しなきゃいけないんだ…と。そのためにはまず自分を売っていかないと、その先が続かないというのはわりと早くに気づけたのかもしれません。

だから現場に行ったら、この人はどういう仕事をしているのだろう？ と周りの人とコミュニケーションを取ります。スタッフの名前を覚えたり、運転していた時はロケバスの運転手の方ともコミュニケーションを沢山取りました。遊びではないので、もちろん仕事としてではありますが、やはり現場は明るいほうが良いですから。朝、消え入るような声で「おはようございます…」と言われるより、「おはようっ！」くらいのテンションで挨拶したほうが良いのかなと。だから沢山の人といっぱいお話ししましたし、現場では本当に楽しむようにしました。現場マネージャーだって、もっとのびしろがあるよ！と思っていたので。

この考えに至ったのは、他社のアーティストから名前を覚えてもらったりしたことが、喜びになると気づけたからです。すると逆もしかり。例えば「照明さん！」と言うより、ちゃんと名前をお呼びする。そのほうがきっと嬉しいはずと。

現場マネージャーとしてやっていたことが次に繋がると思っています。いつになったらチーフになれるのだろう？と思い悩むのでなく、まずは与えられた目の前のことを頑張る。真面目にコツコツやればいいと思うのです。私も現場マネージャーの時から、「もっとこうしたほうがいいのに」「これはやり過ぎ？でもこの会社のやり方はこうだし…」などと考えることがありました。

例えば写真や原稿も初めの頃はチーフとダブルチェックでした。原稿チェックなら、なぜここを直すのか？こういう表現にした理由は？写真チェックなら、この写真はどこが選ばれなかったポイントなんだろうと考えました。まずはチーフがチェックしているポイントを学び、そして分析し、それで任せてもらえるようになったら、私はこうしてみよう！と考えながらチェックするようになっていきました。

衣装もチーフとアーティスト、それぞれの意図や好みを混ぜて選んでいく。その時、チーフはなぜそれを選んだのか？　その理由を、必ず心の中で答え合わせしていました。右から左にただ流すのではなく、そこでちゃんと咀嚼出来るかどうか。それもまた難しい。あらゆることが勉強で、勉強しかないと思います。

チーフとしての自分の強みを考える

この人はすごい！　と思うチーフは、観てきた映画やドラマの作品数が圧倒的に多い。そして舞台も沢山観ています。そこで私が、その方々を上回れるものは？　と考えた時、今から自分がその域に追い付くのは、同じ分野では無理かもしれないなと。

そこでこの会社を引きで見て、自分は何を出来るだろう？　と考えました。雑誌やバラエティ番組なら？　と思い、それなら好きだし、もっと詳しくなれるかもしれない。それで少しは会社の役に立てるかも？　と社内でコミュニケーションを沢山取りにいった記憶があります。そこもまず「これってこうかな？」と聞いてもらえるように。それが20代の後半です。

そうするうちに、「このファッション誌の編集者と繋がってる？　連絡先を知りたいんだけど」と聞かれたり、「このバラエティ番組ってどう思う？」と意見を求められるようになりました。そうした積み重ねがあったから、今担当しているアーティストにも活かすことが出来ているのだと思います。

この会社に入ってから色々な場で活動しているアーティストを担当させてもらっています。俳優以外にもモデル・芸人・ミュージシャン、新人など…全く経験のない分野でも、知らないことを学べることが沢山あるので、イチから始めることもありますが、担当アーティストのレベルに合わせられるように、頑張ろうと切り替えてやっています。得意不得意はありますが、マネージャーも固定観念に縛られず、ジャンルを制限しなくてもいいのかなと思います。

小中学生の新人を初めて担当するのは、特に自分にとって挑戦でした。親御さんとの関係のこと、地方の子もいたので、移動に時間が掛かること。それでいてみんな、その時期は感情と体の変化が大きくて。そこは小6から高1くらいが一番大変で、どう向き合えばいいのか悩みました。それくらいの年齢の子にとっては大人である私の言葉に威力があることはわかっていたので。だからこそ、いつも以上に慎重になりました。私の言葉が絶対的に響くだけでなく、彼女達の中で意味合いが変換されることもあります。だからといって子ども扱いするのも違う、でも仕事だし…って。イチ人間としてなるべく目線を合わせようとしました。

そうやってどんなことも受け入れてイチから勉強していく。チーフとして、色々な才能がある人に出会えたらいいなと思っています。

まずは自分の心を見せる

アーティストをマネジメントする時、才能はもちろん大事ですが、まずは人間を理解するところから入ります。担当になったからとこちらのルールを押し付けたり、それ以前のマネジメントのルールをそのまま受け継ぐのではなく。まずはその人を知るところから分析を始めるのですが、わかりやすい人もいれば、そうでない人もいる。そこで時間をかけて接し、仕事以外に関することも含めて色々な角度から話す時間を大切にしています。

そして担当になったら、私はこういう人間で、こんなところもあって…あはは！　と。例えばある作品への出演を提案した時に、「はい」と言ったとして。その人をちゃんと知らないと、それが「あ…はい」という後ろ向きな返事か、「はいっ！」と積極的な肯定かがわかりません。本当にやりたいかやりたくないかは大事ですから。

過去そこが上手くいかなかったこともあります。「やりたくない」とハッキリ言えないような関係性しか築けず、相手の心を読めなかったんだな…と思って。本当に難しいところです。

失敗した記憶は消去

現場マネージャーの時に寝坊をしました。新しくパソコンを買ってもらい、設定していたら寝落ちしてしまって。朝7時くらいに電話がかかってきました。「今ホームの辺りにいる?」と聞かれ、「すみません、寝坊してしまったので先に行ってください!」と言ったのですが、ネタで使うやっくんの竹刀を私が持っていて。ダッシュでそのまま竹刀を手に家を出て。本番前にはなんとか到着したものの、会場がたまたま学校だったこともあってそこの竹刀を使わせていただき、「マネージャーが遅刻して竹刀がない!」とそれもネタにしてもらって…。新幹線でずっと前のめりになって4時間過ごしたことを、今でも鮮明に覚えています。

でも、チーフになってからの失敗というのがほぼ思い出せません。笑えない失敗は記憶から消してなんとか乗り越えてきています(笑)。

プライベート版「ToDoリスト」

裏被りなどを防ぐためにも、誰でも一目でわかるように管理しているスケジュール表に細かく書いています。それに加えて、今でもやはり付箋は沢山使います。それで、やり終えたものは外していく。スマホのToDoリストもよく使います。

プライベートのToDoリストも色々な項目があり、最近はやりたいことが多く、忘れないうちに書いておこうと思って。今年はこれをやる! と1年単位でリストを作っています。思いついた時にリスト化し、ひとつひとつ潰していきます。それで、明日は休めるし、今日はこのまま××に行っちゃおう! とか。

だからいつも、わりと嬉しい

もちろん嫌だなと思うことは正直沢山ありますが、逆に喜びも沢山あります。でも、「一番嬉しかったことは？」と聞かれるとすぐ答えが出てきません。小さいことに喜びを感じるタイプなので、だからいつも、わりと嬉しいです。この仕事においてはプラスだなと思います。私の喜びの受け皿はおちょこサイズで、「見て見て、すごくいい写真が撮れたよ！」とそれだけでもうハッピー。日々嬉しいです。アーティストがやりがいを持って、元気に笑っていてくれたらそれだけで嬉しいですし。だから不満は少ないのかも。この仕事が好きだから、というのはもちろんありますけどね。

マネージャーの仕事、実務編

感じてください！

マネージャーに必要なもの。元気と明るさは大事、そしてベースとして体力があることでしょうか。担当するアーティストのことにのめり込み、視野が狭くなってしまう方もいるかもしれませんが、俯瞰で見られるのも大事な気がします。言われたことを自分の頭で理解して飲み込める人でないと難しい面もあると思います。自分自身の希望が通らなかった場合でも気持ちを切り替え、状況を咀嚼して

チーフマネージャー
K（女性・30代）

対応する。だから、好奇心があって勉強熱心であることは武器になります。

そして、臨機応変な対応も大事です。NOという場合でも色々な状況があって、揺るぎないNOと、もっと違う選択肢もあるのでは？　というNOとあって。どちらにも対応出来るようにならないと。「全部NOです」「代替案は？」「ないです」では、なかなか話が先に進みません。NOと言うならちゃんと根拠があったほうがいいですし、それをきちんと理解出来ていないと。

「こうすると、人にはこう見えるのか」「あんな風にやり過ぎると嫌な気持ちになるな」と、自分の場合は周囲の方を見てプラスなところを取り入れて学んでいきました。そうして分析し、上手いこと自分の気持ちを抑えながら、でも自分がやりやすいように考えて動く。こうじゃないああじゃないと、もう一人の自分がいるような感覚です。

だから感じてください！　そういう仕事で、理論的ではないんです。アーティストをいかにリスペクト出来るかどうかでもあって、才能や技術のある人でも、人としてリスペクト出来ないとしんどくなる面もあります。フォーマットが決まってないからこそ、難しいのだと思います。

マネージャーって相棒のようなものかもしれません。少しでも支えられるようにと思ってやっていますが、支えるという表現は合っていない気もします。私が支えてます！　という感覚はあまりなく、寄り添っている訳でもない。二人三脚でもないし…ちょうどいい言葉が出てきません。いつも味方でありたいと思うけど、出来ているかはわかりません。でも、やはりその人がベストでいるための味方、かもしれません。

女性のケアは職人技？

佐々木に始まり女性を担当することが多く、細かいケアが必要なのはごく普通のことです。でも経験のない異性が担当することになると、最初は大変だと思います。衣装と下着の組み合わせ、ヒールの高さとイスの高さのバランス。どちらから撮られるかで、アクセサリーも変わってきます。衣装の裾から出た紐が気になるけど、それ何？とか。

会見やイベントでは、衣装を着たら、一度イスに座ってもらいます。本番中座りづらくて落ち着かないのは嫌でしょうし、ずっと踏ん張っているのは大変ですから。調整していないと、座高が一人だけ高く見えてしまうこともあります。そのイスに座るなら脚はこの角度に流して座ったほうがいいとか。ずっと立っているならヒールは高過ぎず安定するもののほうが良いですし、短い時間で数人が並ぶショットならヒールは足がよりキレイに見えるように高いほうが良い。階段や長い距離を歩くのだったら歩きやすさも考えないといけない…など。

そうしたことに気がつくには映りなどを把握して、感じて覚えてもらうしかありません。日傘を差したり季節によっては防寒対策もあったりと、現場でケアすべきことは沢山ありますが、やり過ぎにも注意する必要はあると思います。その時に客観視というのが重要になってくるのかなと。作品や環境によっても様々で、その都度対応の仕方も変わるので一概には言えませんけど。

チーフマネージャー
K（女性・30代）

効率と先読み

例えばメイクを落としたあとのケアをどうするか？　それだけでも色々なパターンがあると思います。撮影が終わったらメイクを落とすのか、すぐ帰宅するのでメイクを落とさず出るのか、次の仕事があるのでそのままメイクを落とさないで移動するのか？　など。それによってスタッフの動きが変わりますから、先に確認しておく必要があります。各所へのコミュニケーションが大事です。本人がメイクを落とすか落とさないかを判断する場合は、メイク中に「今日落とします？　落としませんか？」と聞いておく。「どうします？」の一言ですから。スピードを取るのか、丁寧さを取るのかです。

仕事が終わったら一刻も早く帰りたい人もいますから、インタビューが終わって本人が着替えに入った瞬間に車を取りにいき、エンジンをかけて温めて。着替え終えたらすぐ出られるようにする。エレベーターの状況なども確認して。そんな風にアーティストとの効率合戦を楽しんでいました。

そういった効率を考えると、どうしても先読みが必要になってきます。現場マネージャーはいかに現場を仕切れるか？　そういう係だと思います。

小中高生を担当した時は「まず自分で調べてみよう」とよく言っていました。「何時にここに行かなきゃだから、○時に××集合。するとおうちは何時に出るの？」と自分で考えてもらう。本人にしたら一人での移動は慣れず、怖かったと思います。でも忙しくなってからセリフ覚えに一人での移動と、いちどに不安が襲ってくるより、まず余力があるうちに遅刻せずに一人で移動出来るようになってほしい。そう思っていました。地方から通っていた子には、チケットの購入方法や乗車変更の方法、乗り換え方法や道に迷った時に誰に聞けば良いのかなどもやり方を見せて伝えていました。まさに飴と鞭。どちらかだけではダメかなと。

動線は命

現場マネージャーの頃、初めて訪れる場所ばかりだったので、どこへ行くにも頭の中で一度、下見をしていました。入社当日はまだ知識も少なかったので、空港では乗る便によってターミナルが違ったり、北ウィングと南ウィングがあるなんて、最初は知りませんでした。羽田空港に着いた時、入り口はひとつなのか？ ○時発×便ってどこから入るのだろう？ 迎えに来てくれる人とどこで会えるのか？ 保安検査場から搭乗口まで距離はあるのかな？ と、色々調べてシミュレーションし、メモをしたり、プリントアウトしたりしていました。

当時はアーティストを無事に、時間通りに現場まで届けること、まずその点に注力していました。定時に約束の場所、本番までにいかに現場に行けるか？ それにプラスアルファで何が出来るかです。細かいところまで考えられるかどうか。やり方は色々だと思いますが、自分は現場マネージャーからやらせてもらえたことが良かったです。現場を知ることが出来ましたから。

知らないことはまだまだ沢山あります。それでいて常に新しいことをやってみたいと思うのです。新しいことに向かうには苦しさがありますが、それはそのまま楽しさに繋がります。いつも新しい。だからいつまでも怠けずにやっていけるのかもしれない。違うところに目を向けようと視野を広げると、より万能な人になれるのかなと思いながら。だから、何かに特化するというより、より広く。知識をちゃんと持って、オールマイティにやれたらいい。知らないことを、どんどん知っていけたら…って、ちょっとチーフらしからぬ発言かもしれませんが、私はそう感じています。

DEPARTURES
出発便ご案内

チーフマネージャー M（男性・30代）

子ども時代の記憶

話題の中心はドラマと音楽

小学生の頃から、ドラマや音楽に興味を持っていました。ドラマでは織田裕二さん主演の『お金がない！』とか、三谷幸喜さん脚本の『王様のレストラン』、そのあと『踊る大捜査線』があって…という時代で。あれは僕が小学何年生だったのだろう？　クラスのあちこちで、テレビドラマが話題に上っていました。

音楽は、ミニCDの時代です。小学生でしたけどレンタルをして学校で聴いたり、みんなで貸し借りし合って。初めて買ったCDは、アニメ『SLAM DUNK』のエンディングテーマだった大黒摩季さんの「あなただけ見つめてる」。他にglobeとか、スキャットマン・ジョンなどの洋楽も流行っていました。

それぞれが良いと思う曲を持ち寄り、みんなでシェアして楽しんでいました。バラエティ番組は『めちゃ×2イケてるッ！』なども流行っていましたが、クラスでの話題はほぼドラマとか音楽だった気がします。それらに触れる機会が多く、新しい環境に馴染めずにいた自分がそういう話題で救われていたところもあるかもしれません。

料理の道に足を踏み入れる

きっかけは『マイ リトル シェフ』

高校生になるとバイトばかりの日々で。飲食店で、料理を作っていました。

それで高校卒業を前に進路を考えた時には、料理かエンタメの世界に入りたいと思うようになっていました。漠然とですが、エンタメなら大学に行かなきゃいけないだろうなと。でもその頃にバイトしていた日本料理店の大将が、魚のさばき方に始まり、料理の基本を全て教えてくれました。気づけば、料理が大好きになっていたのです。

料理人を目指そう。では料理の何を専攻する? そう考えた時、日本料理の道は選びませんでした。ちょうどその頃『マイ リトル シェフ』というドラマを見ていました。矢田亜希子さん、上戸彩さん、阿部寛さんらが出演していて、一軒家のフレンチ・レストランを開くという話でしたが、それを見て、フランス料理っていいなぁと。

遡って小学生時代には、親と一緒に『料理の鉄人』をよく見ていました。そこには中華や和食と色々な料理人が登場しましたが、フレンチの印象が一番強かったのです。テレビドラマも『王様のレストラン』に始まり、『ランチの女王』と、フランス料理や洋食の料理人を描く作品がいくつかありましたよね。でも和食を扱うドラマで印象に残っているのは『味いちもんめ』くらいでしょうか。

その頃の自分は何かを決める時、格好いいのは何だろう？　というのがベースにあったのかもしれません。やっぱり洋食だよね！　と、専攻を決めました。

振り返るといつも、テレビドラマの影響は大きかったようです。

まずは王道の店がいい

調理師専門学校に通いました。そこにはフランスの学校と提携し、数ヵ月間の海外留学がついているコースがありました。卒業後、門を叩くレストランは僕の中では2択でした。有名な高級フレンチは他にもあったし、ホテルのフレンチレストランも目指したかったのですが、まずは王道の店がいい。王道を知らないと、その先は見えないんじゃないかと思っていました。

最初に面接に行った店は驚くほどの倍率の高さで、応募してきた人の多さに、こんなにいるのか⁉と驚かされました。地方から目指してくるような人が沢山いたんです。それで次に面接に行ったのは、関東にいくつかの店舗を持つフレンチレストランで。比較的募集人数が多かったこともあって、採用してもらえました。

レストランの厨房で働き始めると、入りたての見習いに対する扱いは本当に酷いものでした。キレイに掃除したあとにバシャ～ン！　と水を撒かれて台無しにされたり、ぴかぴかに磨いた鍋をガシャーン！　と床に投げつけられたり。まるでイジメ、ドラマのようです。

それでもなんとか耐えていましたが、見習いの誰もがそういう扱いを受けるので、どんどん辞めていってしまいます。しかもほとんど寝る時間はありません。ランチの仕込みを考えると朝7時には出勤して準備を始めなければならず、営業が終わるのは夜11時くらい。そこから片づけて終電で帰るという生活でした。自宅がちょっと遠かったりすると、本当に寝る時間が作れません。休みも週1日あるかないかで、ほとんど取れない。これぞブラックだ…、シェフはみんなこれを乗り越えているのか？　そう思いながら働いていました。

先輩達を見ると、勤務年数を重ねてもあまり状況は変わらないようでした。これでは、とても恵まれた環境とは言えないなと。しかも見習いはとても給料が安かった。あれだけ働いて、時給はいくらなんだ？　というレベルでした。腰を悪くしてしまったのも、大きなダメージでした。それでも続けようと思ったのですが、まずは気持ちがついていけないなって。

料理の道は諦めよう、そう決めました。

マネージャーへの転身

たまたま目に入った求人広告

人生を軌道修正しなければ——。そんなことを考えながら求人誌を見ていました。将来が見えなくなってきたな、でも働かないとまずいし…と思いながら。幼い頃から興味があったエンタメのページを見ていると、その時たまたま大手芸能事務所のマネージャー募集が出ていました。本当にたまたま、それが目についたのです。

エンタメに興味があるといっても、ドラマや映画を作る制作の仕事が出来ればいいなとぼんやり考えていたくらいで。マネージャーって正直、どんな仕事をするのか、よくわかっていませんでした。それでもその大手芸能事務所の面接を受けたのですが、結局ダメで。でも「グループ会社のスタッフがあなたを気になっています」と声をかけていただきました。「なんにもわからないんですけど」という感じで、熱意とかやる気みたいなことしかアピール出来ませんでしたが、「なんかそういう奴がいいんだよね」と採用されました。

それがまだ二十歳になるかならないかの年で。もしマネージャーになれなかったら大学に行って、一度ちゃんと勉強しないと就職は出来ないんじゃないかと思っていました。それで芸能事務所も1社しか受けなかったのですが、そのグループ会社に入れたのです。

そうして、マネージャーとしての生活が始まりました。

この人、悪魔だな

入社してすぐ、「3ヵ月の試用期間に、なんでもいいから雑誌の仕事を3媒体から取ってこい！」と上司に試練を与えられました。その事務所には、会社のホームページに所属タレントとして名前が載らないような、仕事をし始めたばかりの若い子が沢山いたんです。それでグラビアの仕事でもなんでもいいから、その子達に仕事を持ってこいと。でも自分は入社したてで右も左もわからず、マネージャーの仕事がどんなものかも知りません。どうしたらいいのだろう？　全く途方に暮れました。

そもそも営業をしたこともないので、先輩に「すいません、どうすればいいんですか？」と聞くと、「俺も出版社なんて知らないからさ。雑誌の裏を見て編集部に電話して営業してこいよ」と言われて。

それでわからないながらも、色々な雑誌媒体に電話していきました。ほとんど飛び込み営業みたいなものです。「すいません、お電話した者です。なんでもいいので、この子にお仕事をもらえませんか？」って、本当にそんな感じでした。

それで小さい記事ではありましたが、新人の子の取材依頼を頂きました。それでなんとか、3媒体というミッションはクリア出来たのです。とはいえ大きなページを決められた訳ではなく、活動状況を少しお話しして、小さなコーナーに記事として載せてもらったくらいで。ミラクルを起こしたかったですけど、起こせるほどの力はありませんでした。

つまりは度胸試しですよね。僕には学歴がある訳でもないし、今後マネージャーとしてやっていくにしても、それくらいの度胸がないと続けていけないぞと。今思えばそんなことだったのかなと思いますが、当時は「この人、悪魔だな…」と思っていました。

ハネるってこういうこと

その事務所には現場マネージャー、チーフマネージャーという分け方はありませんでした。一人のマネージャーが、現場も営業も全て担います。体制としては、社長がいて部長がいてマネージャーがいる。少人数の会社でした。最初に担当したのは、グラビアもやる女性タレントでした。

マネージャーとしての自分は順調な滑り出し、とはとても言えませんでした。そのタレントとは同じ年でよくケンカもしたし、僕にはまだ知識もなく、人脈もなくて。どうしたら自分を大きく見せられるだろう？　そればかりを考えていました。

幸いなことに、あるバラエティ番組を機に、そのタレントに様々な仕事が入るようになりました。オンエア翌日から出演依頼の電話が殺到し、ありとあらゆる番組から声がかかりました。ハネるってこういうことなんだ！　と。

僕は当時22歳くらいでしたが、スケジュールも全部自分で組んでいました。広告の仕事、ファストフードや清涼飲料水のCMも頂いて、その対応も全て自分一人でこなさなければなりません。例えばトップコートの場合は広報がいます。すると情報発信する時はそこが軸になりますが、この会社ではプレスリリースも全て僕が作っていました。

でも、タレントの送り迎えだけはなかったのです。基本的にタクシー移動で、現地集合・現地解散。だから現場マネージャーの仕事ではなく、チーフの仕事を最初にやることになった感覚でした。

料理人のように、仕事は見て盗む

何もわからないので、先輩を始め色々な人に「どうしたらいいですか？」と意見を聞いて、真似をするしかありませんでした。自分でそうやって動いていかないと、教えてくれる人は誰もいなくて。「あの先輩はこういうやり方で結果を出しているんだな」「こうした営業のやり方で、次に繋がる動きが出来ているのか」と、周りを色々と見て。仕事は見て盗む――。そのやり方は、料理人のようだなと。

でもきつくてきつくて、ストレスで体を壊したりもしました。つまり、マネージャーのやるべきことが膨大だったのです。しかもまだメールもそれほど普及していませんでした。タレントのプロフィールの資料を作るにも、アーティスト写真を写真屋さんに持っていき、それを貼ってカラーコピーしていましたから。技術の進歩を感じます…。メールで営業が出来るなんて、ラクな時代になったなあと。そうして7年ほど、27歳くらいまでそこで働きました。

トップコートとの出合い

杏のマネージャーを探している

その会社での後半は新人発掘というか、デビュー前の子を担当するようになっていました。でもなかなかそんな簡単に結果が出るものではありません。あの当時の僕は完全に行き詰まっている状況でした。そして会社を辞める決断をしたのです。

正直に言うと退社したあとに、マネージャーの仕事そのものを辞めようと思っていました。ちょっと疲れてしまって。30歳を前に、このままこの仕事をしていていいのだろうか？　と思ったのです。それでしばらくは何も考えず、旅行に行ったりして、のんびりと過ごしました。

すると、お金はすぐになくなります。働かないとまずいということになり、新たに仕事を探し始めました。エンタメ業界ではなく、別の業界の仕事を。ただなかなかしっくりくる仕事が見つからず、気づいたらエンタメ業界の仕事を探している自分がいました。やっぱり好きだったんでしょう。それで自分にはマネージャーの仕事しかないと思うようになり、知り合いのマネージャーに片っ端から電話をして「人を募集していませんか？」と聞いていました。そんな時でした、トップコートの人から、「杏のマネージャーを探している」という話を聞いたのは。

杏のことは「ｎｏｎ－ｎｏ（ノンノ）」でモデルをやっている頃から、とても興味を持っていました。年齢が自分と3歳しか離れてなくて、学生時代でも「芸能人で、誰が好き?」なんて会話の中で名前が出てきたりしました。

独特の雰囲気が好きでした。世界のランウェイで活動している時期は詳しく知らなかったのですが、モデルをやっていた杏がドラマなどに出るようになったタイミングでした。あああの人だ、ついに女優をやるようになったんだな。前の会社でマネージャーをやりながらも、注目していました。

そんな杏のマネージャーを募集していると聞き、「立候補したいです!」と面接を受けたのが入社のきっかけでした。

チーフから現場に逆戻り!?

前職ではチーフのような仕事をやらせてもらっていましたが、トップコートに入って、今度は現場マネージャーの仕事をやることになりました。それまで運転免許は持っていても、運転はそれほどしていませんでした。そんな状況で、現場の送迎にワンボックスカーという大きな車を運転するのは怖いなって、そこからなんです!

トップコートに入社すると、時間をかけて色々と学び、それからやっとひとりでアーティストを乗せて運転するようになります。

寝る時間がない！

振り返って、人生で一番大変だった時期は杏の現場マネージャーをしていた3年ほどでした。料理人の時もそうでしたが、もっと寝られなかったです。その頃の杏はドラマ『ＪＯＫＥＲ　ジョーカー　許されざる捜査官』（２０１０年）に出演していました。メインキャストの一人でしたが、それ以外にも細かな仕事がものすごく沢山あったのです。休みが1ヵ月に1日もないのが当たり前、そんなスケジュールでした。

連続ドラマだと朝大体現場に6時入り、当時は夜中2時3時まで撮影するのが当たり前でした。それでまた翌日も朝6時入りって、いつ寝るんだ？　と。運転がなければまだいいのですが、朝と夜の送り迎えがあるので、車中で仮眠する生活が続きました。

もちろん楽しさもありました。ようやく自分がやりたいと思っていたことがやれる！　と。それに杏に対するリスペクトも高かったのです。初めて杏のファッションシュートを見た時は、本当に鳥肌が立ちました。

圧倒的な存在感、でしょうか。あのスタイルと、モデルとしての表現力が際立っていました。ファッションシュートですからメインは洋服なのでしょうが、これが世界で活躍してきた人の姿なのだ…！　と大いに刺激を受けました。だから、寝られないつらさも乗り越えようと思えたのです。自分の睡眠時間を犠牲にしてでも、この人のために出来ることはしたい。そんな気持ちが強かったです。

マネジメントの理想って?

仕事の仕方が確立していた杏

女優だからこその細かいケアや微妙な距離感、そうしたことの難しさを僕から感じることはありませんでした。その辺り、杏は海外でモデルとして活動していたからか、外国人に近い感覚があるのかもしれません。全然気にしないのです。いやひょっとしたら本人は気にしていたかもしれませんが。

長く一緒に仕事をしていますが、どちらかというと母親になってからのほうが距離を感じます。理解しているつもりでも、男である自分には理解しきれないところがありますから。でも仕事をする上で、性別の違いからくる壁を感じることはありませんでした。

普通はある程度、キャリアの初期にはマネジメント側に主導権があり、「この仕事はやったほうがいい」「はい、わかりました」と進んでいくと思うんです。でも彼女は他社から移籍してきた人なので、元々マネージャーに対するスタンスが、最初からこの会社にいた人間とは違いました。

彼女の中で既に仕事の仕方が確立されていたので、どれだけ我々が良いと思った仕事でも、常に丁寧に相談しながら物事を進めました。こちらで勝手な判断をしないのが大前提だったので、関係性がわかりやすく、壁を感じなかったのかもしれません。こちらで「こう進めたいです」と提案するにも、「ここがこうなら大丈夫」と、細かいところまで意志が貫かれていました。とにかく仕事への感覚は研ぎ澄まされていて。それくらい、高い緊張感を持って仕事をしていたのだと思います。

アーティストはお客様と思う

アーティストとの距離感について、自分はあまりベタベタしたくないタイプです。どんなに年下であっても、基本的には敬語で話します。もちろんラフに話す瞬間もありますが、相手を立て、一人のアーティストとして接しようとするところがあるかもしれません。

「アーティストはお客様だと思ったら？」、そう社長に言われたことがあります。人間が相手なので、上手くコミュニケーションが取れなかったり、要求を理解出来なかったりすることはもちろんあります。自分の中で、簡単に消化出来ないことも。でも、だからといってイライラするのはもったいないし、時間の無駄です。だからこそ相手をお客様と思い、「仕事をしてくれてありがとうございます」「こちらの提案にリアクションしてくれてありがとうございます」、どんな時でもそうした態度で接したほうが、自分が自然とラクになれるだろうと。

表に立ち、表現する仕事を選ぶ人は、みなさんやはりどこか独特です。何かが突出したり欠落していたりする気がします。そういう人を、こちらの思い通りにしようなんて思わないほうがいい気がします。

理想は、思いを言い合える関係

アーティストとマネージャーの理想的な関係は、あくまで仕事上のものであることです。プライベートを把握しなきゃいけないこともあるでしょうが、それも人によるかもしれません。現場マネージャーをやっているとアーティストの深いところまで知ることはあるし、知らなければいけないところも沢山あります。

でも現場に付いたことはなく、最初からチーフとして仕事をするアーティストとは、仕事上の関係性は深くても、人としての関わりは薄いこともあって。それでも、お互いに自分の思いを言い合える関係が理想です。逆に近過ぎると、気を遣う部分があるかもしれないですし。

例えば役者以外の活動もしていて、そちらに関しては別のマネジメントがいれば、もちろんこちらの思うように事が進まなかったりします。そういう時は、我慢我慢の連続です。これは誰のための我慢なんだろう？　これを我慢し続けた結果、アーティストにプラスに働くことがあるのかな？　と考えてしまうこともあります。

そんな時、そういう状況に対して本人に物が言えないと何事も前に進みません。一旦それをちゃんと受け入れてくれたり、こちらが言ったことを理解してもらえないと。もちろん逆も同じで。そうしてお互いにちゃんと話が出来ることが大事だと思います。別に、アーティストが上でマネージャーが下ということではなく、対等な関係をいかに作るかが重要です。

チーフマネージャー
M（男性・30代）

相談事はタイミングを見極める

相手に何かを伝えるタイミングは慎重に狙いを定めます。今言うとお互いにヒートアップして話が良い方向に進まないだろう、そんな時は後日、様子を見ながら「実はあの時、こう思っていたんです…」と切り出します。〝たられば論〟を展開したいのではありません。それでもやっぱり思うような結果にならなかったとしても、問題をちゃんと共有するのが大事だなと。

そのためにもアーティストをしっかりと見ます。今だ！ というタイミングを計るために。彼らの作品づくり、演じることと、まだ見えないものをカタチにしていく作業はとてもストレスがかかります。なのでドラマのクランクインの頃や、舞台なら幕が開いて2日目3日目までは、わかりやすくいうと外します。舞台も4日目くらいになると気持ちに余裕が出てやっとホッと出来る頃なので、現場マネージャーにその日の様子を尋ねたりして、相談ごとではそこを狙ったりします。

仕事において、ちょっと力が抜けるタイミングを探すのですが、その辺りは頭で考えるというより感覚的にやっているかもしれません。

いかに、サボるか？

仕事をする上で大事にしているのは、いかにサボるか？ つまり、余計なことをしないということです。この仕事ってやること、やれることが無限にあります。だからこそ無駄を省いていかないと。自分もそうだし、部下や後輩が体調を崩したり、色々なことを経験してきて、やらなくていいことは、やらせないことだなと思うようになりました。

チーフの立場だからかもしれませんが、自分が仕事を好きだとしても、仕事が好き！ というアピールを会社ではしないほうがいいなと思っています。その姿を見ると、近くにいる部下や後輩が、「やっぱりまだ帰れない…」「仕事をしていなくちゃ」と気を遣いますから。自分もそうだったので、それが嫌で。もちろん自分は好きか嫌いかでいったら、仕事は好きなのですが。

だから大事にしているのは周りのスタッフのこと、そのケアというのか、様子をちゃんと見ることです。そう考えるようになったのは、ごく最近です。

チーフになって何年だろう…6年？ 7年？ なりたての頃は全く周りを見ず、自分のやりたいことをやって突っ走っていました。上司とケンカもしたし、周りに意見なんて聞きません！ という態度で。余裕がなかったし、結果を出さなくちゃいけないというプレッシャーを感じていました。

自分の中での失敗

あるプロジェクトを数人で進めていたのですが、なかなか上手くいかなくて。そうした状況に対して感情を上手くコントロール出来ませんでした。自分でも、未熟だよな…と。まさにその時です、社長から「一緒に働く仲間もお客様だと思ったら?」と言われたのは。それでふっと、肩の力が抜けたのです。それで、今まで見えていなかったものが見えるようになりました。

そのプロジェクトを進める上で、自分のアイデアや意見が通ることだけに達成感を覚え、周りで一緒に動いてくれている仲間の存在を忘れていました。ただ「自分はこんな風に人と一緒になってひとつのことを成し遂げる、そういう仕事にあまり向いていない」と、まずは自分のダメなところから目をそらさずに向き合おうと思ったのです。

それで、僕自身は決してキャパがあるタイプではないのだなと。だからこそ周りの力をもっと借りて、自分のやりたいことをカタチにしていこうとするほうがより効率的だと気づかされました。

頑張れ、現場マネージャー!

人を見るポイントの変化

新人発掘の場合、自分の中でこれがいい! と思うものはもちろんあって、そこにブレはありません。ただそこでも、視野の狭かったものが比較的広くなりました。人を見るポイントも、変わっていきました。

基本的に人間を相手にしていて、自分だけでは成り立たない仕事でもあります。多くの人が関わって初めてひとつのモノを生み出していける。自分が出来ることの領域には限りがあるし、それぞれに得意なことを分担してやったほうが、より良いものが生まれるだろう。そんな考え方に変わりました。

様々な分野のクリエイティブ・ディレクター、自分で「これがいい」と思うものをカタチにしていく人達は沢山います。でも自分はそういうタイプではないんだなというのがわかってきました。

すると自然に、現場マネージャーを見る目も変わりました。以前はそれほど、彼らとコミュニケーションを取るほうではありませんでした。でも今は、例えばＳＮＳが得意とか、ドラマや映画の情報に詳しいとか、その人の伸ばしてあげたいポイントを見つけようとします。そうしたポイントって、思った以上に色々とあるものです。

次にそのポイントを押さえた上で、どうしたら会社にとってより必要な人材になるか？　と考えます。マネージャーだから必ずしもこうでなきゃいけない、という固定観念が少しずつなくなりつつあるのかもしれません。

それがここ1年ほどの状況です。

現場マネージャーとアーティストの関係

チーフも現場も、求められるものは、結局は同じという気がします。ゴールは一緒。現場マネージャーにとって大事なことも、アーティストが売れて、輝いてもらうことです。ただ現場が大変なのは本当に身をもってわかっています。だからただひたすら、頑張れ！　としか言いようがなくて。

現場マネージャーの役割

アーティストの状況を知りたい時、ずっと一緒にいる現場マネージャーから様子を聞くことはもちろんあります。ただ人を介して情報を得るとちょっとズレたりすることもあって。直接聞けるものは直接聞いて、ギャップによる事故が起きないようにどうもっていけるかだなと。

そうした時、現場マネージャーとアーティストとの関係値という問題もあります。現場から始まってチーフに至るまで何十年もやっていれば細かいニュアンスまでわかるかもしれませんが、1年しか現場をやってなかったら、わからないことは多いかもしれない。アーティストとの年齢差の問題もあります。同じ女性であっても、30代半ばのアーティストが、10歳下の現場マネージャーに話しても理解出来ないことも多いでしょう。

アーティストを理解するという意味では、チーフのフォローが必要になるかもしれません。でもそれ以外のこと、現場に迷惑をかけないようにという意味で、ちゃんと注意して見ていてほしい。アーティストの様子を見て、体調を報告するだけでもそれは立派な仕事です。マネジメントに関わっている訳で、現場マネージャーは大事な存在なんだと伝えてモチベーションを高めてもらう。

それでも現場マネージャーって、エンタメの世界が好きじゃないと出来ない本当に大変な仕事だと思いますけどね。

求める資質

素直な人、でしょうか。それと忍耐力、体がタフな人です。色々な人を現場に付けますが、例えばアーティストが何かを相談した時に、そのリアクションを見ていると表情に出ます。「この人には優しくなるんだな」「この人には厳しくなるのか」と。それで、なんでだろう？　とその理由を考えていく。すると、愛嬌があるかどうかって大きいなと思うんです。この人がいるとちょっと笑いが起きるとか、張り詰めた空気みたいなものが和らぐとか、陽のオーラを持つ人は良いですよね。マネージャーにはムードメイカー的な資質も若干必要な気がします。そういう人は、マネージャーとしてもみんなから求められます。暗い雰囲気で仕事をするタイプが全くダメという訳ではないですけど、明るく元気！　って大事だなと。

それから理解力も大きいかもしれません。でも…難しいですね。こういう資質がある人は向いている、とは簡単に言えない気もします。向いているかどうか、わかるには時間が必要だなと。ウチは少数でやっているからこそ、スタッフもアーティストも、表面的なものはすぐにバレてしまいます。いずれも長く続けていけるのは、ある種時間をかけて選ばれた人が多い。ある程度は人柄を理解した上で一緒に働こう！　というのが理想かもしれません。

チーフマネージャー
M（男性・30代）

新人発掘について

こんな人をマネジメントしたい!

どこか心が動く人、なんですよね。もちろんベースとして、努力が出来ることが大前提です。だからといって「私は努力をしています!」とアピールすることもなく、でもその必死な感じが静かに伝わるというのか…言葉で上手く説明するのは難しくて。とても感覚的なものです。

色々な個性の人がいる中、何人かでレッスンを受けていて。単純に体形のことやお芝居のことで本人が課題に気づき、悔しくて悔しくて、それを次のレッスンまでになんとか克服して改善していこうという強い気持ちがある。そういう人というのは、やっぱり出ているオーラが全然違います。言葉では言い表せない表情だったり態度だったりで、見る人に何かを感じさせるのです。

だから負けず嫌いなのはもちろんですけど、いや、負けず嫌いが大事なのかもしれません。結局は人間力です。人の心を動かせる何かがあるのだと思います。

ワークショップやレッスンを見ているとたまに、ああ頑張っているなと涙が出ることがあります。そんな風に、まずは我々マネージャーのように身近な人間の心を動かせない人は到底、世に出て多くの人の心を動かすことは出来ない気がします。

人を喜ばせたい

10代の子って、とても不安定です。その時の状況を見てマネジメントの計画を立てても、半年後にはその子自身が全然変わってしまう。そんなことはよくあります。なかには晩成型もいるでしょう。ブレークポイントは10代ではなく、もう少し大人になってからかもしれないとか、そこを見極めるのも大事です。

だからこそ新人発掘で、若い子を預かるプレッシャーはあります。人生を背負っているようなものなので。なるべく道を間違えないための判断はしなければいけないし、変に期待をさせたくもない。特殊な仕事ですから、可能性がないなら別の世界に行ったほうが本人にとってもいいはずです。

演技レッスンなどは、事務所が考えて受けさせるのが普通です。でも自ら動いてクラスを探し、自腹を切ってレッスンを受ける。そうした努力する姿を見ると、なんとか出来ないかと思ってしまうのです。だからこそ責任を感じるし、自分へのプレッシャーもストレスもあります。

アーティストがこれまで出来なかったことが出来るようになったり、仕事が決まったりすると本当に嬉しい。やっていて良かったという気持ちになりますね。

チーフマネージャー
M（男性・30代）

マネージャーってどんな仕事

人をいかに料理するか？

気取る訳ではありませんが、「人をプロデュースする仕事」です。雑用なんて、さすがに言えません！

でも本当にプロデュースではあると思うんです。既に活躍している人をいかに丁寧にマネジメントするかもそうですが、まだ色のついていない人をどう育てるかが大事だなと。トップコートの場合は移籍してくるアーティストも多く、そこをいかに料理するか？ そこは得意だと思います。

以前から、日本のエンタメがどうしたら世界に行けるか？ そんな議論はありました。更にコロナ禍で時代は大きく変わり、より世界に出ていかなきゃいけなくなったと思うようになりました。それで、世界に通用する人を育てたいというのが目標としてあります。アジアでも英語圏でもヨーロッパでもいい。自分は誰とも競合しないもの、他がやらないことをやれた時に大きな喜びを感じるタイプなのです。

マネジメントした経験はまだないのですが、ミュージシャンにも興味があります。担当させてもらえるなら、またイチから勉強してやってみたい。音楽は、小さい頃から好きでしたので。

どんな時代も、エンタメは生き残る

作品を通して、表現することによって、誰かの心の支えになるかもしれない。どんな時代になっても、エンタメは生き残るはずです。だから人を楽しませたり喜ばせたりするのが好きな人にとって、この仕事はとても魅力があるはずです。

でも18年もこの仕事をしてきて、僕自身はいまだに、この仕事が向いてないな…と思うことがあります。基本的に一人でいるのが好きだし、あまり人と関わるのが得意ではないので。元々料理人だった訳ですから、どちらかというと技術を磨きたいとか、職人気質なのです。

でも単純に「人を喜ばせたい」「楽しませたい」という思いがあって、それはアーティスト同様に持っています。そこですよね。世の中が暗い時は明るいエンタメ作品を観て、気持ちを落ち着かせたり、救われた！　と思ってもらったりする。そこは料理とも共通しているかもしれません。料理って人を感動させられるし、それで「救われた」と言ってくださる人も中にはいましたから。

そう言ってくださる人、そうして喜んでくださった人の気持ちにどう応えるか？　そんなところでしか、マネージャーを続けてきていない気がします。裏方としてそういう仕事をやっているのだから決してラクではないし、つらいことのほうが上回るかもしれない。だから向いてない…けどやらなくちゃいけない！　と思うのです。

今になって改めて、料理と芸能のマネジメントって通じるものがあるんだなと。料理はお客様がお店

チーフマネージャー
M（男性・30代）

に来てくれないと、食べてもらえません。盛り付けや店内の演出によって、ごく普通の料理もぐっと美味しく感じられたりします。まさにマネジメントもそう。

それでいて料理って手の届かないような高級なものもありますが、とても身近なものです。エンタメも、身近な存在です。テレビをつければ、すぐに触れられる。どちらも生活に寄り添うものです。だからこそ根本的なところで、料理やエンタメに救われる人って多いのではないかと思うのです。

チーフマネージャー
M(男性・30代)

チーフマネージャー N（女性・40代）

子ども時代の記憶

スケジューリングの基礎

小1から、先生の好き嫌いがハッキリしていました。えこひいきする先生はダメ。特定の生徒だけをちやほやして、ちょっと暴れん坊の男の子には厳しい。子どもながらにそういう態度を見て、あの先生は嫌だなって。

生徒に「どうしたらいいだろう？」と相談するような頼りない先生がいて。すると私は俄然張り切ってしまって。例えばクラスのみんなが縦笛を上手くならなくちゃいけないのに、生徒は先生をなめてろくに練習もしない。すると私は、「縦笛検定をやろう！　それで級を作ったら、きっとみんながやる気になる。それでご褒美シールをもらえることにすればいいじゃん」って。百人一首も好きで、「大会にすれば盛り上がるよ」と提案して。ウチのクラスの子だけ鍛えられ、やたらに百人一首が強くなりました。

計画を立てるのも好きでした。夏休みには親が「8月31日までの予定を書きこみなさい」と、必ず計画表を作っていました。父母兄私弟と項目が分かれていて、そこを埋めていきます。この日は宿題をやる、この日は遊びにいく、この日はドッジボール。それを小学校の6年間、当たり前にやって。知らずにスケジューリングの癖がつきました。

バスケ部マネージャー時代

意外とこれ好きかも！

中学ではバスケ部に入っていたのですが、2年生の時に怪我をしてしまって続けられなくなり、顧問の先生に相談すると、「マネージャーとして練習メニューを考えたりするのはどう？」と言われ、バスケ部のマネージャーになりました。ウチのチームは何が弱いのだろう？ そんなことを考え始めると、意外とこれ好きかも！ と思えて。今日はひたすらシュート練習などと、月曜から日曜までメニューを組みました。ルールをちゃんと覚えれば審判も出来ます。試合の時も、スコアをつけられればベンチに入れます。選手と先生とのパイプ役でもありました。

顧問は女の先生で体育を教えていて、熱心な良い先生でした。一時期、教師を目指したのはその先生に影響されています。子どもが道を閉ざされたと感じた時、違う可能性を提示してくれる先生って素敵です。その先生がマネージャーの道を提示してくれなければ、今の自分はないかもしれません。

高校では男女バスケ部を担当

高校では迷うことなくバスケ部のマネージャーになろう！　と思いました。まず女子バスケ部に行くと、そもそも選手が10人に満たない。顧問は一人で女子と男子を見ていたので、「じゃあ両方のマネージャーをやれるか？」と言われて。やれます！　ということになりました。男女で時間を区切ってひとつのコートで練習したので、スケジュール的に支障もなくて。試合の時に男女で会場が違う時は、先生と一緒にタクシーで移動しました。

男子は強く、県でベスト４に入るようなチームでした。練習量がとにかく多くて、３６５日で休んだ記憶がほとんどありません。試験期間の3日間くらいかも。でもそれが当たり前で、休みたいとか遊びにいきたいという不満もありませんでした。部活を引退するまで高校時代はずっとそういう生活で、放課後は部活以外のことをした記憶がありません。

独自の勉強法で受験を突破

本格的な受験勉強は高3の夏から。とにかく時間が足りない。そこで夏休みの日々の時間割を組むことから始めました。合間にドラマを観る時間も入れて息抜きもしながら。勉強中に聴く音楽も色々なジャンルのものをかけながら勉強してみて、その結果、オペラがいちばんテンションが上がる！　と気づいて。それまで興味なんてなかったのに、オペラの曲をかけて勉強してみたりしました。

勉強法も、独自に探しました。例えば国語の古典は『源氏物語』や『枕草子』の現代語訳で、まずは物語を一通り覚える。すると文法を勉強しなくても、意外とテストでいけちゃうことがわかったのです。だいたいメジャーな作品しか出題されませんから、この人とこの人がこうなることを知っている、だからこれは否定文でしょ? と。すると古典の成績がめきめき上がりました。文法もよくわからないのに。

そんな風にどの科目もオリジナルな勉強法を考えていくと、冬くらいまでになんとか周りに追い付いて。いざ受験となった時も「×を学びたいから×学部」ではなく、志望校の選び方に自分なりのアレンジを加えました。将来何をしたいかはハッキリと決まっていませんでしたが、教師になりたいという思いはあって。色々な人に聞き、×大学の教育学部を第1志望にしました。

次に興味のある職業は何かと考えた時、福祉・介護の仕事をしたいというのもちょっとあって、それで福祉系を。もうひとつは受験勉強中にドラマを観てエンタメに興味が出たので演劇系の学部と、受ける学部を全部バラバラにしました。そのほうが人生の選択肢が広がると考えたのです。でも、第1志望だった教育学部に受からなくて、私の人生の中でその瞬間、教師になるという選択肢が勝手に消えました。合格した大学の中で次にくるのはどれだろう? と考えた時、たまたま演劇が気分的に旬でした。変わっていて面白そう! それで演劇学科に進みました。

体育会バスケ部の女子マネだけど

入学してみると、やっぱり演劇系のサークルが多くて。周りは、どの演劇サークルに入るか？で迷っていました。演劇を観たこともなかった私は既に4月の時点で、ここの学科の人とは話が合わない…と思い始めました。

大学でのやりがいをどう見出せばいいのかわからなくなっていた時に、体育会のバスケ部の存在を知りました。どうせならサークルより本格的なところで、とそちらに入ることにしました。でもそれは〝女子マネ〟という言葉から連想するような華やかなものではなく、本当に泥臭い仕事で。体育会のマネージャーをやりたいなんて人は大学生になるとほとんどいないみたいです。だって、遊べないから。

こうしてとりあえず学校に行く意味が見つかった。それがなかったら、1年の前期で中退していたかもしれません。

紆余曲折期

私は人を育てたいの？

就職活動をする時も、「実業団チームの就職口を紹介出来るよ？」と言ってもらうこともありました。でもそうした企業に入りたい訳ではない。そこで何をやりたいか考えた時、演劇学科だった！　と急に思い出しました。大学に入ってから映画や舞台を観たり、エンタメをかじるようになり、やりたいのはエンタメかもしれないなと。その頃にはドラマも、録画してでも見るようになっていました。

山田洋次監督の映画だけは、小学生の頃から観ていました。これはもう家族行事で、みんなで映画館に行って観る。お正月と夏と年に2回、『男はつらいよ』を観るのがルーティンでした。

それ以外で、自分で作品をチョイスして映画館で観たり、レンタルビデオ店で借りてくるようになってからは洋画が多くて。邦画は積極的には観ていませんでした。それで映画とドラマとどっちが好きか聞かれたら、ドラマと答えていたと思います。『あすなろ白書』などを見ていて、あんなドラマを作るためにテレビ局に入りたい！　そんな思考回路になり、第1志望はテレビ局、それに付随して番組制作会社を受けました。いくつも会社を受けましたが引っ掛からず、1社だけ最終面接に行けたくらい。でもその面接官が良い方で。色々と話をして、「私はこういうことがやりたい」という話をうんうんと聞いてくれました。それで「君がやりたいのはドラマを作るより、人を育てることじゃないの？」と言われて。人を育てるって何⁉　とそこで初めて、ドラマなどに出る人を育てるという仕事に目が向きました。その時に大学の図書館にあった1冊が目に入りました。それが、ホリプロ創始者である堀威夫さんの書いた『才能を育てる』（講談社）という本でした。

山口百恵さんとの出会い、どこに惹かれてマネジメントしたのか？　和田アキ子さんとの出会いも書かれていて。読んでいて本当に面白くて。これだ！　と思い、そこから急に、進路を芸能プロダクションに変えました。それが大学4年生の夏頃でした。

オリジナル履歴書の威力

芸能プロダクションへの就活に本腰を入れた時期が遅く、そもそも大手事務所くらいしか、新卒を受け入れるオフィシャルな窓口を持つところはありません。どこにも引っ掛からず、何社も落ち続けるうち、何が足りないのだろう？　と考えて。書類の段階で目に留まらないと意味がないと、市販の履歴書を使うのをやめました。履歴書をアレンジして自作し、特に話を聞いてほしい欄を広くしました。まだ学生ですし、経歴の欄なんてそれほど必要ありません。3行くらいでいい。そういうところは縮め、広げるところは広げて。自分をよりアピール出来る履歴書を作りました。すると、書類は通るようになりました。

そうして就活しながらも、あまりに職種を絞っているので、就職はなかなか決まりません。そこから1年ほど経って、「マネージャーの経験者を募集しています」という芸能プロダクションの新聞広告を見つけました。もちろん経験はありませんが、「経験はないです」とハッキリ書いて。自分で作った例のオリジナルの履歴書を送ると、「とりあえずお会いしましょう」と連絡がきました。

会うってことは、就職出来る可能性がゼロではないかも？　面接で社長にお会いすると、当時から有名なパワフルな方でした。その頃には私もすっかり大学の演劇学科出身らしく、わりと舞台も観るようになっていました。そこは舞台の役者さんが沢山所属しているし、こういうところで働きたいなと。するとと「経験者が欲しかったけど、この履歴書にはほとばしる情熱を感じた。だからとりあえず会ってみようと思って連絡しました。でもウチが欲しいのはあくまで経験者。大きい会社じゃないので、仕事を取れない人間に給料を払う余裕はありません」と言われました。でも、「試用期間というカタチで成果を上げられたら正式採用しましょう」と。その時点で、私に渡された時間は約半年。それが1社目の就職先でした。

芸能事務所で働き始めたけれど

クリスマスイブの別れ

お試し期間といっても、研修なんてありません。現場マネージャーとして出来るかどうかを試されるのでもない。欲しいのは営業が出来るマネージャー、仕事を取ってくるかこないかでした。

先輩は4人、それぞれに1週間ずつベタで付き、その人の営業先にとにかく同行する。でも先輩は「こういう時はこうでね」なんて教えてくれません。ただただいつも通りに営業するだけ。それで私は横にいて、ふ～んと思いながら見ています。それを4周すると、人によってやり方が違うんだなということだけはわかってきました。なるほどね、って。その中で、自分に合ったやり方を見つけなさいということかと。

そうして1ヵ月が経って、「一人でいってらっしゃい」と言われて。なんのつてもないので、とりあえず先輩達に連れていってもらったことのある会社を順繰りに回りました。脚本を読み、この役にこの役者はどうですか？　みたいな営業を、知らない人を相手にやる。それを数ヵ月続けました。

当たり前ですけど、私が営業したのはそもそも顔が広い先輩達のクライアントで。所属する役者は実力のある方ばかりでしたが、仕事を頼むなら先輩のところに連絡が行くはずです。だから私は一向に仕事が取れませんでした。このままだと本採用は無理かな？　それともなし崩し的に働ける⁉　そう思いながら、約束だったその年の12月になりました。

「よく頑張ったけど、こちらが求める成果は上げられなかったね。でもこの業界は狭いから。あなたが頑張っていれば、いつかきっと一緒に仕事が出来ると思う」。Ｂｕｎｋａｍｕｒａのラウンジで社長にそう告げられました。それがちょうど12月24日。結構なクリスマスイヴだな…と。その頃には会社のことが好きになっていて、辞めたくなかった。色々なことがごちゃ混ぜになり、悔しいし切ないし、涙が出そうでした。

2社目でついに本採用！

落ち込んでばかりもいられません。その会社での半年の間に、だいぶ業界のこともわかるようになっていました。就活では芸能プロダクションといっても大きな会社しか知りませんでしたが、営業で回っていると、小さな事務所の社長さんと出会えたりして。規模が大きいから良い会社、ということでもないとわかって。

どこかに良い会社はないかとネットを見ていたら、求人を出していた会社がありました。前にいた会社とも毛色の近い、舞台俳優が主軸の事務所です。行ってみよう！ と連絡しました。前の会社に別れを告げられたのはクリスマスイブだった訳ですが、その2日後にはもう新たな面接にこぎつけていました。

そこは社長とマネージャーがいて、「あなたで3人目」くらいの小さな会社でした。事務所も小さなマンションの一室でしたが、面接でもう意気投合。

「年明けいつから来られる？」

「いつからでも行けます！」

ごめんなさいを告げられた2日後に新しい彼氏が出来た！ みたいな展開です。それで入社が決まりました。年が明けて1月2日、所属する役者さんの舞台初日、正月公演があったので、そこから始めましょうということになりました。

前の会社では仕事が1本も取れませんでしたが、新しい会社では営業を始めて1ヵ月くらいでぽんぽん仕事が決まりました。なんでだろう？ 自分でも不思議で。この会社はまだほとんど営業していなかったのがわかりました。

だから前の会社で出会った人に資料を持っていくと、面白いように仕事が決まりました。それで、あれ？ なんか私、マネージャーとしてダメじゃないかも！ と思うようになりました。社長は劇作家のマネジメントをやっていて、会社にはいないことが多くて。私より先にいたマネージャーは年齢も同じくらいで、二人で色々と相談しながら「役者の宣材写真を変えようよ」と営業方法をアレンジし、一緒に動くようになりました。

そうするうちにいっぱしのマネージャーのようになり、相乗効果で所属する役者もちょっと売れてきて。事務所も渋谷の素敵なマンションの一室に引っ越して、どんどん上手くいき始めました。なんか楽しいな。そんな風に3年間、そこで働きました。

念願の山田組！ のはずが

最初に前の会社の社長と出会った時、「私は山田洋次監督がとても好きで。せっかくこの世界に入れたのだから、この事務所の役者を山田組に入れたい。それが夢です。だから、その時だけは現場に行きたいです」「いい夢じゃない！」なんて約束を交わしていました。

山田洋次監督は頻繁に新作を撮りません。2年とか3年に1本しか動かない。その間もず〜っとプロデューサーに、「どうですか？ まだですか⁉」と聞き続け、「本当にしつこいね！」と言われたりして。何回も舞台にお誘いしたりして追いかけ続けていました。そうして、その会社に入って3年目、

「山田さんが、この役をおたくの××さんでどうかと言ってるよ」と連絡がきて、「今から脚本を取りに行っていいですか？」って。もうぶるぶるです。それで初めて、山田組の準備稿を頂きました。もう中身なんて読んでないですよ。その段階で、なんでもやります！　みたいな勢いで。その役を頂き、ついに山田組に入れることになったんです。

本当に嬉しくて。社長に報告すると、「じゃあ担当は××君だから、引き継いで」と言われて。その担当の男性も、「これはNさんが最後までやったほうが」と言ってくれましたが、社長は「ルールはルールだから」と全く譲りません。私は、カチーンときて、変な思い切りの良さが出てしまいました。

「じゃあ約束と違うので辞めます」

まさに売り言葉に買い言葉でした。

トップコートとの出合い

これまでとは毛色が違うけど

会社を辞めると宣言したものの、そのあとどうするのか、あてなんてありません。引き継ぎもあるので、そのままぽんっと辞める訳にもいかない。3月末で辞めることにして、知り合いのマネージャーに、「辞めることにしたんだけど、どこか紹介してくれない？」と電話をすると、その人からしばらくして電話がかかってきました。「色々あるけど…っていうかウチに来ない?」と言われたのがトップコートでした。その人は、トップコートのマネージャーだったのです。

ホームページを見てみると、自分が今までいたところとは随分と毛色が違います。「面接の日程を組むから」と言われ、トップコートの役員と面接することになりました。そうして面接をしてもらい、2時間後、「いつから来られますか?」と電話がかかってきました。

これで決まり? という感じでしたが、引き継ぎを進め、3月31日まで前の会社にいてその翌日、4月1日にトップコートに入社しました。

「現場は初めてなの?」

最初に担当したのは若手の女優でした。「担当が現場を離れるタイミングだから、そこをやって」と言われて、わかりました! と。まずは運転して、現場への送迎です。「運転出来ます」とは言ったものの、大きい車を運転したことはありませんでした。「じゃあこの車で迎えに行って」と言われたのですが、フットブレーキも初めてで。あれ、すいません、動かないんですけど? みたいな調子でした。しかも、どうやら前の現場マネージャーとその女優とは一触即発の状態だったようで。2日間その前任者が引き継ぎのためについてきてくれたのですが、その人と一緒に迎えに行くと、後部座席のカーテンをシャッ! と閉めてしまいました。噂には聞いていたけど、芸能人ってカーテンを閉めるんだな…と。それでその2日間を終えると、「あとはよろしく」と、一気に手を離されたのです。

私は、戸惑いました。前の会社ではスケジュールは組んでいましたが、逆に言うと現場はほとんど行ったことがなかったのです。みなさん大人の役者で、現場には一人で行ってくれたので。それで、現場マネージャーの私は何をするのだろう？　と。前任者も、現場マネージャーの役割までは教えてくれませんでした。するとその女優が、私をマネージャー未経験者だと思ったようで。私のほうが年上でしたが、「現場は初めてなの？　色々教えてあげるね」と本当に色々と教えてくれました。「こういう時はこういう人に連絡するんだよ」と全部。しかも前任者がいなくなった途端に移動中の車でもカーテンはオープンになり、べらべらとしゃべり出しました。まるで急激なキャラ変です。「聞いて！　聞いて！」という感じでずっとしゃべっていて、私は毎日運転しながら、うんうんそうなんだねと聞く。現場をやりながらスケジュールを組んだり仕事のジャッジをしたり、上司に相談はしましたが、実質チーフに近い動きをして1年が経ちました。

入社時に「現場をとりあえず1年やって、ウチのやり方に慣れてね」と言われていました。そして2年目に入るところで、「現場はもう卒業で」と言われました。

「松坂桃李」黎明期、そして

手取り足取り

『侍戦隊シンケンジャー』が始まって、ちょうど半年くらい経った頃。松坂のマネジメントをし始めたのは2009年です。どういう人か知るには、まず話をしなくてはいけません。でも松坂は元々、自分を出すのが得意ではなくて。質問したことに、ぽつぽつとしか言葉が返ってきません。どこか…受け身な人だなと。聞きたいことがある？ と言っても、「あ、大丈夫です」という感じ。打っても全然響かないように思えて、球を投げ続けるしかない。映画の話をしようとしても、全く噛み合わない。

それで私が観た中で「おススメ映画リスト」をメールで送り、これをまず全部観て、観終えたら教えてくださいと。すると素直なので「わかりました」と言い、数ヵ月後に「観終わりました」と言ってきて。次はこれです、と何度かそんなやり取りをしました。舞台に関しても、私が観に行く予定の作品を、「この日に劇場に来てください」と言って連れていき、観てどうだった？ と感想を聞いて。

インタビューを受けたあとも、毎回反省会をしました。「こう聞かれたのに、なぜこういう回答になるの？」って。でも手応えはあまり感じませんでした。2年くらいはそんな風に手取り足取りでした。

とりあえず、3部！

松坂が『孤狼の血』で日本アカデミー賞最優秀助演男優賞をとった時は嬉しかったです。彼が初めて自分から「この監督とご一緒したい」と言ったのが白石和彌監督でした。そこからここまで来たか…、そういう道のりもあったので。

ここ5～6年は毎年、なんらかの授賞式に連れていってもらっています。ひとつひとつの作品に決して優劣はありません。でも実は映画や舞台の初日に、「初日やったね！」みたいなことを役者と言い合うことはなくて。栄誉を得た時に初めて、やったね！ と言える。だからそれはひとつ、嬉しい場所です。本人がとても嬉しいと思っていることが、嬉しい。

「日刊スポーツ映画大賞・石原裕次郎新人賞」を頂いた時は朝イチで新聞を買いにいきました。一面に「松坂桃李」と書かれていて、ああ！ と思って。とりあえず、3部買ったのを覚えています。

「菅田将暉」の始まり

自立心の強い人

菅田の担当になったのは、松坂を担当するようになって、更に1年～1年半後くらいで。今でも覚え

チーフマネージャー
N（女性・40代）

ています。「今日は19歳の誕生日で、そんな日に舞台『ロミオ＆ジュリエット』の会見に登壇出来て幸せです」と言っていた時が、「今日からよろしくね」の日でした。とてもメモリアルな1日です。

菅田は放置していても育ってきてくれた自立心の強い人。距離感でいうなら、ある一定の距離を保ったまま進んできました。

菅田の担当になった時、前任者から引き継ぎをしっかりしてもらいました。「菅田はこういうものは好きじゃない」、そういうことを言われ過ぎて先入観が出来てしまって。それでいざ本人と向き合った時に、違和感がありました。表に出ている感じと実際の本人がちょっと違うように思えました。

消え入りそうな声で、「お疲れ様です…」となかなか目も合わせてくれなくて。機嫌が悪いのかな？ と最初の頃は思っていました。でも毎回そうだったので、それがこの人なのだなと。こういう違和感のようなものは、よくあることという気がします。

その頃、ちょうど舞台の稽古が始まっていたのですが、「演出家の言うことが理解出来ないし、自分が何をすべきかも全然わからない…」とうなだれながら自信なさそうにぼそぼそとしゃべっている。映画『共喰い』のオーディションの案内をもらったのは、ちょうどその頃でした。

鼻声でかかってきた電話

芥川賞受賞時に小説は読んでいたので、今のこの菅田なら、むしろこのままでハマるんじゃないかと思いました。ただ濡れ場があることはわかっていて。いくら男の子とはいえ、人前でそうした姿をさらすのは嫌かもしれない。そう思うなら止めたほうがいいだろうと、「私はこのオーディションに菅田君を出したいけど、かなりセンシティブなシーンがある。あまり時間がないから、出来れば早めに読んでもらえる？」と原作を渡しました。すると次の日には、「やりたいです」と連絡が来ました。

『共喰い』の撮影現場に明日から行きます、というその日。電話がかかってきました。「自分が演じられるのか、急に不安になってきました…」とそんな電話でした。自宅のベランダからで。今となっては信じられませんが、思い返すとそんな可愛い一面もあったのです。それで「大丈夫。監督やプロデューサーさんが菅田君を選んだのだから」と送り出しました。

『共喰い』の現場で、自分がやりたいのはこういう世界だ！　と開眼したのかもしれません。撮影を終えて帰ってきた時はものすごく溌剌としていて、どれだけ青山（真治）組が素晴らしいか、電話で2時間もしゃべり続けていました。普段の菅田は論理立ててしゃべるのですが、その時は話の脈絡もなく、話があっちへ行ったりこっちへ飛んだり。次から次へと溢れ出る話題を止められず。この組に参加させてもらってありがとうございました！　という思いに溢れていました。

「いいんですか、僕が決めて？」

チーフマネージャー
N（女性・40代）

担当になって間もなく、スタイリストが用意してくれた衣装を前に、菅田にどれが着たいか尋ねたことがありました。今となっては着たい衣装を本人が選ぶのはごく当たり前の構図ですが、その時は、え！　と驚いて。「いいんですか、僕が決めて？」と何度か聞き返されました。「いいよ。どれが着たい？」「これがいいんですけど、脚が出ちゃうからダメですよね」、「なんで脚が出ちゃダメなの？」と聞き返すと、「だって今日はすね毛を剃ってないから」と。数年後に菅田が、「あの時、自分に任せてもらえたのが嬉しかった」と語っていて。数年後も覚えているほどのこととは思っていませんでした。そんなに彼の心に刺さった出来事だったなんて知らなくて。なんでもストレートに言ってくれているようで、意外とそんなことを思っていたんだなぁと驚くようなことが時々あります。

マネージャーとしての在り方

右へはならわない

元々、右へならえがあまり好きではありませんでした。みんなにとって頼りない先生でも、私にとって良い先生ならそれはそれで良い。人気のある先生も、なんか違うぞ、と思ったら私にとっては良い先生ではありません。履歴書もそうで、人と同じことをしようとは思っていませんでした。なんにおいてもそう。基本的に勉強は好きだったし、運動も好きで。いわゆる優等生なのに周期的に問題を起こしてしまう。ある意味で問題児でした。

誰がなんと言おうと自分はこう思う——。マネージャーって、人と同じやり方をしていたらその先には行けません。みんなが行かない道を、正解はなんなのだろうと探さなければならない仕事だと思っています。

距離感では悩まない

傍から見て、アーティストとの距離がどう見えているのかわかりません。そもそも、アーティストとの距離感で悩んだことはない、というか気にしたことがありません。確かに若いマネージャーにそこを相談されることはよくあります。でも考えて作るものではないだろうから、距離を縮めようと思ったこともないです。

もちろんアーティストなので、時には相手を立てなければいけません。ある人に「いつでも車の中と同じような感覚で会話しないで」と言われたことがあって、その時にハッとしました。親しくなっても馴れ合いにならないようにしなくてはいけない、と。沢山の人に囲まれたところでネガティブな話はしないようにしています。距離感のことを考えるって、それくらいです。

「これをお願いします」と直接頼まれることでなくても、我々マネージャーは毎回アーティストからお題をもらっていると思っています。それをどうクリアするかというミッションをコンプリートしていくことの連続です。頑張っているかいないかはアーティストが判断すればいい、自分から言うことではないで

チーフマネージャー
N（女性・40代）

しょう。

フラットがいちばん!

現場マネージャーをやっている時に思ったのですが、あまり一喜一憂しないほうがいい。フラットでいるのが一番いい。アーティストってセンシティブです。あまり感情の波が立たない人もいますが、基本的にはアップダウンがある。プライベートでちょっと嫌なことがあると、それを引きずったまま現場へ向かう車に乗り込んできたりします。それでちょっと八つ当たりをされて、しゅんとなっちゃうこともあるかもしれません。でもそこに影響を受けなくていい。

逆にこちらの元気が有り余っている時に、今日も頑張りましょう！　とか言って、翌日に落ち込んでいたりすると、アーティストもどうしたのかと気になりますよね。「昨日はウキウキしていたのに、怒らせちゃったかな?」と思わせてはいけません。彼らにとって、マネージャーが面倒臭い人になってしまいます。マネージャーがアーティストの機微を思いやるのは当然ですけど、逆をやらせてはダメ。

なるべく自分は一定でいようと思っています。会社でのポジションが上になってくると、部下には厳しいと言われたり、担当するアーティストにも怖いと言われたりしますが、意外とずっと一定です。厳しいならずっと厳しくいて、急に甘やかしたりはしません。単調でいるのが大事です。

能力で言うと、今この人は何を伝えたいのか、その中で、自分が会社に伝えなければいけないことは何か、それを正確に把握出来るようになることは大切です。

だから文章を書くのが得意じゃない子にも、トップコートランドのマネージャーの日記「マネつぶ」を書こうよと常々言ってます。書くことで今日起きたことを整理する癖をつける、するとアーティスト本人に何かを伝達する時にも役立ちます。ニュアンスって大事ですから。

例えば「黒い衣装はこう見えてしまうので、なるべく止めてください」と本人に伝えるように現場マネージャーに頼むとします。「黒は止めてください」とそれだけ言われると、えっなんで？ とアーティストもカチンとくる。「こういう理由で黒はダメ」という理由を含めて伝える。禁止と、××だから避けて通りたいでは意味が違いますから。

現場に向く人

他社のある現場マネージャーの女性と、地方の現場でご飯を食べました。それぞれ担当のアーティストと一緒に。彼女とは現場で軽く挨拶をするくらいで、そこで初めて正対してしゃべりました。前職について尋ねると、物怖じせずにきちんとしゃべります。まだ現場に付いて2年ほど、普通なら「いや私なんて…」みたいに言葉を濁す人がほとんどだろうに、ハッキリとしゃべる人だなと。それでいて、こちらの質問には正確に答えます。

しかもそうした話の途中、どんなに会話が盛り上がっていても彼女はアーティストが何かを目で合図したら、すぐに反応していました。それに何回か気づいて。そもそも、最初に座る時のポジション取りが上手かった。アーティストのそうしたサインが見える位置に座っていました。

フラットでもあって、アップダウンがあまりない。それを見て、この人は本当にマネージャーに向いているなと思いました。

チーフに向く人

チーフに必要なのは、それぞれのアーティストごとに、ここまで到達したいというある程度の指針、到達目標を掲げられるかどうか。アーティストにはゴールがありませんから。

毎年アーティストにも目標を考えてもらいますが、その時点で既に出来そうなことだけを挙げて自らの可能性を狭めてしまう人が多い。自分が出来ることはこれしかないからと考え、それを目標にしてしまう。そんなのつまらないと思うのです。

「売れたいんです！」としか言わない人もいます。でもどう売れたいのか、売れるってどういうことか、その答えも必要です。「連ドラの番手を上げたい」でもいい。今は10番目だけど、3番目に上げたい。10番から8番に、次5番になったね！　と、そうした目標をチーフが設定していきます。

どんな目標にするかはまず、アーティストと話さないとわかりません。それも一度や二度では無理です。この会社に入ってきたばかりの人なら特に何回も会話します。最初は生い立ちから、それこそこういうインタビューのように、幼少期から遡って話を聞きます。家族の話もして、最近はどんな映画やドラマを観ているか、何気なく電話をした時にどういう感じで対応するか、そこを見たりもします。

マネージャーはただ闇雲に進んでも良くない。目標設定が明確に出来ること、それがチーフへの第1歩な気がします。

失敗は日々している

昔から事務作業が苦手で。期日までに請求書の発行とか、メールの返信とか、写真のチェックとか。マネージャーにとって、それも大事な仕事です。ちゃんとやれる人に憧れた時期もありました。計画を立てるのは好きなくせに、締め切りを守れないなんて…。レンタルビデオ店でよく延滞したタイプです。そんな私がなんでスケジュールを組めるのかは謎ですね。

それ以外にも、失敗は日々している気がします。「この言い方をしないほうが良かったな」とか「この断り方は感じが悪かった」と言ったあとで後悔したり、「今度××しましょうね」と言ったまま連絡するのを忘れてたり、とマメさがない。そうした小さな失敗、自分に欠けた部分は沢山あります。

アーティストって奴は

どこまで自分をさらけ出せるか

アーティストとの面談では、どこまで自分をさらけ出せる人かを見ているかもしれません。人間関係が出来ていない時は、取り繕ったことばかりを言おうとするものです。でも、松坂は隠さない人でした。「役者をやりたいかどうかは全くわからない、将来こうなりたい、というのも特にない。大学を1年休むことになるので、その先ちゃんと卒業出来るか不安です。芸能界にも興味がないので、休学してもちゃんと大学を卒業してサラリーマンになります」と言われて。

菅田は大人の顔色を見る人で、こちらの欲しそうな答えを言っていた気がします。だから最初はあまり自我が出なかったのかも。色々な人に気を遣っているようにも見えました。

面倒臭い人はラッキー！

マネージャーとしての自分は最初から順風満帆ではないし、全てのアーティストと上手くいった訳でもありません。でもぶつかった人とは、そこに何か原因があるはずです。なぜ上手くいかなかったのか、つまずきの原因は何か、と沢山考えます。上手くいった人より、上手くいかなかった人のことを考える時間のほうが実は長いです。

十分にやりきった、そう思えた人のことは自分の中にしこりもないので、そのあとで突き詰めて考えることはありません。でもバーストしてしまった人というのは、相手にも自分にも、なんらかの問題があったはず。それはなんだったのか今でも考えます。それで次に出会うアーティストとの間に同じことが起きないように、その繰り返しかもしれません。

だからアーティストとぶつかったり、NGを出される経験は、絶対にあったほうが良い。マネージャーは面倒臭い人に付いたほうが、色々なパターンを学べます。聞き分けのいいアーティストなんて、ある程度キャリアを重ねてから経験すればいい。

私にも「この人の担当をしたことが今の自分の礎になっている」と思う人がいて、本当に大変でしたが、そういう意味では感謝しています。当時は毎日が無茶ぶりの連続でした。山奥のロケ地に車で向かう途中、「どうしても○○が食べたい」と言い出して。調べると目的地は7〜8キロ先にある。よくドラマにあるわがままなスターのエピソードみたいです。どう対応すべきか。瞬時に色々計算しました。ここから現場まで×キロ、本人だけ現場に入れたあとで私だけ買いに行くという選択肢もなくはない。でも今戻ったほうが早いかも、とか。

病院も休日や夜間ならここと、以前の経験が活きています。アーティストが「××が痛い」と言ったら、症状を聞いてそういう時は「まずこれをしてみて。ダメなら病院はここが良い」と伝えます。「なんか医者みたいだよね!」と言われたこともあります。

チーフマネージャー
N(女性・40代)

一度身に付けたものは損なわれません。だからラッキーだ、と思ったほうがいい。一生一緒にいる訳ではない。つらいなと思っても、何年間かは我慢する。それで無敵になって次に行けばいいんじゃないかなと。

マネージャーは一番近いファン

性格的にはわがままで振り回されるけど、アーティストとしての才能は確かにある。そう思わされることが沢山あったらマネージャーは頑張れます。でもその人がアーティストとしての歩みを止めてしまったら、ファンではいられないかもしれません。

マネージャーって一番近いファン、かもしれません。よく理解者と言いますが、そうではないと思います。理解出来ないことのほうが多いし、理解しているとは言えない。でもファンではあります。どこかでその才能や何かに惹かれている。一番近くで見ている私達がいいと思っていないと、そのアーティストが多くの人から支持されることはない気がするんです。

現在の夢と、夢が抱けるということ

映画を一本作る！

映画を1本、ちゃんと作りたい。なるべくトップコートのアーティストで。ちゃんと適材適所にキャスティングし、然るべき監督に撮っていただきたい。

私は映画のプロデューサーをやったことはないので、ノウハウとして知ってみたいという思いがあります。幸いにも、松坂と菅田を担当して色々な監督やプロデューサーと知り合うことが出来たので、そうしたことのひとつの集大成のようなものになれば。それはずっと思っています。

これまで散々、色んな監督やプロデューサーの考えてきた脚本にあれこれ言ってきたのだから、それがどういう気持ちなのか、とドキドキしてみたい。

トップコートのマネージャーはクリエイティブだと言っていただくこともありますが、社長がそういう人だというのが根本にある気がします。忘年会の幹事の決め方からしてそう。毎年、担当がランダムに振られます。忙しい人を敢えて入れてでも、毎年作り込んだ忘年会を遂行させます。それは何かを作り、その達成感を味わわせるためかなと。

同じ人を担当にせず持ち回りにするのも多分そう。社長の中でそこまで意図しているのかはわかりませんが、意外とそういうところでクリエイティビティが培われる気がしています。

チーフマネージャー
N（女性・40代）

今二十歳に戻るとしたら？

担当する役者を山田組に入れたい――。それが夢でした。山田洋次監督の『キネマの神様』で、沢田研二さんとダブル主演というカタチで、菅田が主演を務めさせていただいた。あれは本当に嬉しかったです。

もし今二十歳に戻るとしても、もう1回この仕事を選ぶでしょう。苦労も多いけど、その分やりがいもあるし、時には華やかです。ずっと華やかである必要はなく、ずっと単調でもないのがいいんです。関わるのが人なので、変化があります。出会った時は白い花が咲いていた人が赤い花になったり、まさかの青い花になったりする。学校教育の場合は6年間とか3年間という限られた年数しか関われませんが、その気になればマネージャーは一生関われる可能性もあるんです。

別々の道を行くことになっても、それすら面白い。人生の機微です。願わくば、ここでは縁がなかったけど、去っていった人達がどこかで幸せであってほしい。そう思える仕事でもあります。

そして、夢があります。何かを成し遂げられるような大きな才能を自分が持っていなくても、誰かの翼を借りてそれを成し得るかもしれない。自分が上手く歌えなくても、歌える人を見つければ、グラミー賞の授賞式に出席することだって可能性ゼロではありません。

そんな風に目の前の景色が想像を遥かに超えて変わっていく仕事は、なかなかないと思っています。

マネージャーの意

TAKAHIRO

中村倫也

TAKAHIRO

■ 現場があちこち動く

僕のマネージャーの主な仕事はスケジュールの調整、現場の方とのコミュニケーション、クライアントとの交渉です。ダンサーと振付師の時とで、業務自体は恐らく同じですが、その内容は異なります。

僕個人の動きに関することはトップコートのマネージャーが担当、それから個人事務所もあって、僕を手伝うダンサーをサポートするマネージャーもいます。後者のほうが実際に現場にいることが多く、僕の状況をより把握しているので、トップコートの方と連携を取っています。

スケジュールは必ず前日には送ってもらうようにしていて、パソコンでマネージャーと共有します。例えば生放送のテレビ番組に、僕が振付を担当するアイドルグループが出演する。そのスタジオに合わせた振付を作ってほしいという依頼があったとします。マネージャーは僕のスケジュールを確保し、事前にリモートで番組スタッフとミーティングをして、当日に僕が現場でディレクターとカメラマンに、こんな動線でこんな振付にしたいと提案します。

他にも専門学校で教育に携わっているため、現場はあちこち動きます。僕自身は出来るだけ制作に集中したいので、スケジュール決めに関しては絶対的にマネージャーを信頼してお任せしています。ずっと付いている現場マネージャーは存在せず、必要な時に来てもらいます。移動も自分で車を運転します。だから、マネージャーは全ての流れを把握する能力が非常に重要なのです。

■マネージャーに求めるもの

スケジュールを出来る限りミスなく立てる、やった仕事に対しての報酬を先方に忘れず請求をする、それが大きな柱です。新しい曲に振付をした、現場稼働があった、と仕事の成果は日々アップデートされます。ひとつの曲で2分30秒バージョンと2分55秒バージョンを作り、それで片方を請求し忘れたら、そのまま流れてしまいます。落ち着いて毎日見てもらえばいいのですが、僕の場合は日常的に細かいジャブを何本も打つ感覚で稼働量がとても多いです。マネージャーにはその全てをミットで捕っていただく必要があります。俳優ならドラマや映画で1作という単位になるでしょうが。マネージャーは現場の動きとはちょっと離れている分、この2分55秒バージョンの振付分が抜けていた！ などということにならないようにするのが大変です。

しかも僕の場合、かなりイレギュラーな動きが多い。現場に行ってアイドルグループに振付を教えたり、ミュージックビデオの監督と打ち合わせがあったり、撮影に立ち会ったり。「ミス日本コンテスト」の審査員、バラエティ番組への出演、大学や専門学校の先生。あと、父親として子どもの送迎もスケジュールに入っています。主な仕事としてはダンスの可能性を広げること、作り・踊ること、教育すること、この3つの柱です。

俳優に付いていてもダンサーに付いていても、マネージャーは最初は何をすればいいのかわからないはず。でも、どちらも特別な存在ではなく、目の前で行われていることに意識を向けていけば、おのずと役割は見えてくると思うのです。

■ 現場とチーフ

現場マネージャーには戦術・戦略的なこと、今動いていることが滞りなく、先方にご迷惑をかけずに進むよう注力してほしいです。自分はその時点で一番良いものを作ろうとしますが、実際に物事にはその前後がある訳です。それをAにすることによって1時間後、あるいは1週間後に次のBに対してどのような影響が出るかを考えてそこの舵取りをする。短期的・中期的目線で一緒に走ってくれると嬉しい。

チーフはもう1歩引いた役回りで政略的なこと、長期的なものを担っていただきたい。Aをやり、Bに行った。このままいくとそのあとFになりKに行きZへたどり着く。そのZは、果たして本当に見たかった場所なのか？ということです。AからBに行こうと思っていたが、ここはちょっと変更し、Zではないところを目指そう。そういうところを見てくれるのがチーフの大事な役割です。

僕自身はどうしても今日のこと、今目の前にあるものに集中します。それが1年後、トップコートを輝かせることになるのか？世の中に役立てられるのか？少し引いた目線でアドバイスをもらえると助かります。

中長期的な目的地は基本的に自己発信ですが、マネージャーとは一緒に夢を語れたら嬉しい。一人はちょっと寂しいので。例えば「自分達でＬＩＶＥをやっちゃいましょう」と言ったとします。それでいきなりＬＩＶＥに出てしまったら、〝ＬＩＶＥに出る〟という物語自体は終わってしまう。そこまで積み上げていく段階でファンの方、観てくださる方に対して物語を作っていくのが大事な時もあると思います。

そのために現場で撮った写真を「マネつぶ」へ定期的にアップするとか、ラジオ番組を持っているからこんなカタチで情報を出してみるのはどうだろう？　とか。その道筋について、「なるほどそういう方法があったか！」と僕が予想しないものを提示していただけると幸せです。自分一人ではどうしても近くだけを見てしまいがちなので、そうなればとても助かる存在です。

そうして一緒に作っていく。アーティストにしか出来ない部分もあるし、マネージャーだからわかる部分もあるはずで。それぞれに違うボタンをはめていきながら、より完成度の高い世界を目指していきたいのです。

■マネジメントには経験的な裁量の余地がある

入所して16年目ですが、現場からチーフになる方、デスクからマネージャー的な才を見出され、どこかのタイミングでマネージャーとして活躍されるようになる方もいます。大事なのは多分、この業界を深く知ろうとすること。すると、自分の中の選択肢が増えるように思います。

マネージャーとしての才能、それを考える前に、マネジメントには統計的な裁量をする余地があると知るのが多分大事で。例えば右と左に道があるとします。一見すると、どちらも同じような道です。その良し悪しを判断するための条件を知らないと、どっちでもいいじゃない？　ということになる。

でもそれを俯瞰で見たり、実際に色々と体験してからだと、「左のほうが安全性が高い」「右は、よりフィーチャーされる」などと色々な条件の違いが見えてきます。更にその奥を経験を踏まえて考えると、「左は安全だけど、結局はそこで目立たないまま終わってしまう。ここは無茶をしてでも、話題性を取ったほうがいいんじゃないか？」、そんな選択が出来るかもしれません。ポイントとなるのは判断するためのデータを持つこと、それを深く知ろうとすることです。

才能というのは、そうした選択を嗅覚で行うこと。「こっちに行っちゃおう！」という判断をするための直感を持つことで、それはまた別の感覚を磨かなければいけない気がします。それは人によって個性があるものでもあって、アーティストとの相性でその能力が発揮されるかどうかが違ってくる。だからそこも適材適所かもしれません。

■理想の距離感

マネージャーとの距離感はみなさんにとっての大事な人と同じ、変動制であるのがいい。「大丈夫？」と言ってほしい時もあるし、距離を取って静かに見ているだけのほうが助かる場合もあります。またクライアントに対して、そこはファイトだろ！　ということもあって、やっぱり状況と事情によって変動します。もちろん本人の体調、メンタルによっても。

TAKAHIRO

逆にマネージャーがハードな時は、「そこまでやらなくて大丈夫、自分を大事にしてほしい」ということもある訳です。なので、適切な距離というのは状況によって変わる。決まった解を求めず、解を探し続けてくれるのがいい。それは現場、チーフに限らずそう。扱うのは温度を持った生きものだということです。そこが商社とは違うところで。人間は恒温動物ではありますが、心情としては変温していく動物なので、それへの対応も常に同じ温度感を保てばいい訳ではありません。状況によって変化を楽しんでいけたら、それが一番良いでしょう。そう考えると、敏感に察知出来る人のほうが向いていると思います。ただそれよりも、察知しよう！　とする意識が大事です。慣れてくればいつものやり方でいけるでしょうが、人間にはメンタルをやられてしまう瞬間もある。いつも通りにやっていたはずが、もう無理！　と飛び出してしまうかもしれない。身体的なものと精神的なもの、その2つがいいバランスを保てているかどうかも重要です。

目盛りでいうなら、ミリまでわかる人と、5センチ幅でしかわからない人がいます。でも上がり下がりはわかるはずで、我々アーティストというのはその目盛りを正しく読み取ってほしいのではなく、誰かが知ろうとしている、そのこと自体が助けになるのです。恐らく人が思う以上に、アーティストは褒められることがありません。沢山ちやほやされるのでは？　と思うかもしれない。でも自分のことを本当に知る人から、「良かったね」「ありがとう」と言われることってほぼないのです。指摘か指示がほとんど。クリエイションというのは、より良いものを求めるものですから仕方ないともいえます。

有名になればなるほど、「あなたの美貌を借りて写真を撮っていいですか」などと、その人から何かをtakeしようとする人が増えます。「〇×して」という要求に対して金銭的対価がある場所で、giveとtakeが一致する場面も多くなる。沢山の人の目にさらされる方々は、メンタルがすり減る時もあるでしょう。そんな時に近しい存在からのgiveは励みになります。体調が優れない時に「大丈夫ですか？」と言ってもらえるだけで、「全然いけます！」という気持ちになるのです。

■主語を2つ持つ

現場マネージャーに、やたらとぐいぐいケアされるのは理想的とは言えません。それはアーティストのためにやっているのではなく、そのマネージャーがケアしたいからやっている、などとせっかくの善意が勘違いされることもあります。知るというのは、今目の前のこの人が、ぐいぐい来てほしいかどうかを知ろうとすることです。

要するに、主語を2つ持てる人がマネージャーに向いていると思います。「私は」ともうひとつ、担当として付く人のこと、「佐々木は」「松坂は」というもうひとつの主語を、普段の思考で持てるかどうか。つまり「私は今、水を持っていきたい」、でも「〇〇さんの気持ちを考えると5分後に行ったほうが良さそうだ」とか。「私はいつでもぐいぐい行っちゃうタイプ」、でも「××さんはそれを求める訳ではないかもしれないから、今行っていいのか様子を見よう」と思えるか。相手を主語に行動出来たら、それは素晴らしいマネージャーです。百戦錬磨の人であっても、その人をちゃんと見ることで、より力を発揮出来るでしょう。

出来るだけ、自分と目の前にいるアーティストと目線を合わせる。その人が進もうとしている先に軸を合わせていく。そんな作業が意識的に必要です。それを無意識に出来てしまう人を才能があると呼ぶのかもしれません。その時に、担当するアーティストが俳優か、振付師か？　なんてマネージャーには関係ありません。その区別をするのは相手側のフィルターですから。

■面接官になったとしたら

もし即戦力を求めるなら、「弊社のどのアーティストのマネージャーをやりたいですか？　その人のファンであるのを隠さなくて大丈夫。それでもし1ヵ月間、1週間でも1年でもいいですが、担当するならどんなプランを立てますか？　どんな方向にその人を導きますか？　いかに話し合いますか？　トップコートのマネージャーになったつもりで答えてください」と尋ねます。

マネージャーは、アーティストをマネジメントするアーティスト。いわば根源的なアーティストです。アーティストという変幻自在な輝きを放つ存在を作り、キャンバスに何を描くか？　それを指揮するマエストロです。ですからあなた自身がクリエイティブで、実直で、惹き付ける人でなければ。だからどんな想像力、実行力を持ち、自分を研鑽し、蓄積する力を持てるかが知りたい。

だからまず、誰をマネジメントしたいかを聞きます。もちろんトップコートのことは知っていて、私達と結婚するくらいの気持ちで来ているはず。こっちは本気です。もし一緒に仕事をしたいなら、「私ならこうするのに」と想像しているはずです。

松坂桃李のマネージャーになりたい、とします。ドラマや映画、舞台と色々な作品に出ているが、大人になり子どもも授かった今、何をするべきか？　それを明確に提案出来るほどでいていただきたい。持ち前の歌の上手さを活かして子ども番組で新しいキャラクターに挑戦するチャンスなのかも。あるいは、プライベート感を出さず更に重みのある役に挑戦してもらうのか。時は刻々と流れます。そんな中、あなたの戦術・戦略を聞きたいです。もちろん、全てはトップコート的に考えないといけません。自分がやりたいからではなく、その歴史や理念を知った上で。for トップコートを主語に、それをfor松坂に替えられるかを見たい。トップコートは大衆重視、創意工夫を大事にしています。新しい発想を一緒に楽しみたい――。

そんな風にアーティストのことを考えた上で、キラキラした目で答えてくれたら。その人はきっとマネジメントという仕事を楽しくやってくれるだろうと思えます。ここはスタッフもエンターテイメントをしたいと思っている会社。だからキラキラした目で、というのは理想です。

即戦力でない場合、新卒の人はそうした発言が出来ないかといえばそんなことはありません。彼らにないのは経験と蓄積。でもそれを穿（うが）つ想像力や実行力に満ちた何かがあれば良い。マネージャーは、チームを組んでお互いに補い合います。この人は想像力と突破力がある、こっちの人は守りが強い。両者がバディになれば、より強力になるはずです。

TAKAHIRO

■まず頭に浮かんだことをやる

マネージャーになるために、どんな勉強をしておけばいいか？　そう考えた時にふと頭に浮かんだこと、でも自分がまだやっていないことをやるといい。あなたはどんなことを思うでしょうか？

例えば、「体力をつけようと思いました」。そんな答えもアリです。マネージャーになろうと考えた時に、まずは体力が大事だと思った。それで実際にトレーニングしたなんてことだったら嬉しい。「英語をやっておいたほうが良いかも」と思ったら、間に合わないかもしれないけど、やる。ここで求められるのは、英語をしゃべれることではありません。その人が、新たなチャレンジに向かって走れる人だとわかるかどうかです。この先20～30年ご一緒するかもしれない20代30代のあなたなら、目標に向けて実際に走り出していることが大切です。会社側も、5年10年の単位であなたを見ていくのですから、これは面白いことになるぞ！　と思ってもらえるかもしれません。

■コミュニケーションが苦手なあなたに出来ることがある

アーティストにとってマネージャーは心の支えです。体は制御出来ても、心って時として予期しない風にあおられてしまったりする。一番近い人間関係というのは友や家族でしょうが、仕事に関して、倒れそうな時に、助けてください！　と思う相手はマネージャーです。

実際に、明日のスケジュールがわかるだけで日々助けられています。マネージャーの存在はアーティストの右手であり、右足であり、右目です。TAKAHIROというアーティストは、僕一人では成り立たない。なぜなら私は振付を作ることは出来ますが、明日のスケジュールを決める能力は欠如しており、先方と交渉する勇気もなく、メールの返信をするスピードも遅い。それらをマネージャーが成してくれ、それで初めてTAKAHIROとして機能する。一人にして成らず——。それくらい大事な、自分の半身を担ってもらっている。その半身があるから前に進めます。

マネージャーは仕事をしながら、どの立場が好きかがわかっていくでしょう。目の前のことを丁寧に積み重ね、信頼を築き上げるのがいいのか？ アーティストをワッと驚かせるような、新しい発見を与えていくのを喜びにするのか？ 色々あると思います。

やっぱりコミュニケーション能力は大事だし、その能力があるなら現場に出るのが向いています。それ以上にスケジュールをミスらない、請求をミスらない、情報を漏らさない、それが第1です。守秘義務のあるもの、秘密というブラックボックスの中に入るのですから。実は来週、あの番組にサプライズで出演する！ と知った時、お友達に言いたくなるかもしれません。でもそれはメディア業界で働く者の義務として言えません。新曲の話もそう。アーティストの悩みを一緒に抱えても、誰かに言う訳にはいきません。

だから、コミュニケーションが苦手なあなたにこそ出来ることがあるとも言えます。「あの子にならせる」と思ってもらえるかもしれない。そう思わせる人も必要です。それで営業には、コミュニケーションに長けた人が行けばいい。人には役割があるということです。

■連携すること

ダンサーが所属する僕の個人事務所は、現場バリバリ主義。叩き上げのようなマネージャーが何人かいます。彼らの能力と、トップコートの方々が活かすべき能力はまた違うように思います。僕の事務所は小さな個人事務所で、小さい案件から大きいものまで扱いますが、マネージャーに大事なのは積み立てることです。目の前にいる人と適切なコミュニケーションを取り、しっかりとミスなく、経験と信頼を積んでいく。それが出来ると、固い関係が築けるからです。傍から見たら、崩せないなと思うくらいの仕事の領域を構築していくことを大切にしています。

トップコートのような事務所なら、信頼を深め積み上げていく部隊と、アクティブにそれを運用する部隊とがいて。更に、新しい城を作っちゃえ！という規格外の発想能力を持つ人も活躍する、それが魅力です。普通1年かけてひとつの城が出来るところを、同じ時間で100の城を構築することすら可能になります。

そこで個人事務所とトップコートの連携が重要になります。日々、目の前にあるもの、本隊とは別の遊撃隊のような動き。個人で取ってくることは難しくても、パイプを持っていたりして、思いもしない仕事を取ってこれる可能性がある。そこの戦略については、目の前でいつも通りにしっかりと城を守ってくれる人がいる一方、その2キロ先に騎馬部隊を投入しましょうとか、個人で普通にやっていたら相手の本丸に行くまで半年掛かったものを一気に2週間で落とせる、そんなことも出来るのがトップコートのような事務所の強みでもあると思います。

■マネージャーという仕事の魅力

以前マネージャーが珍しく、「この番組が大好きなので、是非出演してほしい」と言ったことがありました。それは1000人の学生が、一人のアーティストとコラボするという番組で。あるミュージシャンが歌い、僕はその振付を担当しました。ワークショップもやって、みんなでコーラスをやって、足を踏み鳴らしてリズムを取ります。

番組が完成し、それを見たそのマネージャーが「すっごく良かった！」と喜んでくれた。おお良かった～！ シンプルにそう思いました。まさに幸せな感覚を分かち合った瞬間でした。

エンターテイメントと呼ばれるものは世の中に色々あります。人に喜んでもらえる、笑顔になってもらえる、驚きをもたらす。それに触れた人の人生がひとつ色づくお手伝いが出来る仕事で、それを作るのがアーティストです。

その源流、アーティストによる作品の最初の泉を作るのは、そのアーティストをマネジメントするアーティスト、マネージャーです。自分が携わったもの、手掛けたことがアーティストの活力になり、それが作品になって。世の中の人がそれを見て、うわ～すごい！ と思う。もしかしたら死んでしまいたいと思っていた人が、それで踏みとどまったかもしれない。あなたがアーティストの明日のスケジュールを作ったことで、誰かの命が本当に救われたかもしれない。エンターテイメントは、誰かを幸せにするための仕事なのだから。その泉の一番の源流にいて、一緒にそれを作れるのは、素敵なことだと思います。

マネージャーはまさにクリエイティブな存在です。あなた次第でアーティストはいくらでも輝くし、すっかりくすんでしまう可能性もあります。アーティストのいちばんの相談役となって、パートナーとして二人三脚する。人生が、共にあるとも言えるのです。

■ **欧米と日本の違い**

アメリカで活動していた時は、現地にエージェントがいました。僕の中で、欧米の場合はビジネスパートナーというイメージに近い。例えば、ハードなロックを歌う人と仕事をしてみたいと思ったとします。KISSはどうだろう？　例えばですよ。リストアップし、先方とコミュニケーションを取って。オーディションにチャレンジ出来るところまで持ってきた。あとはあなたがDo itして――。そんな感覚でしょうか。

一緒に歩むというより、出来ないことを補い合うパートナー。アメリカでよく聞くフレーズに「It's not my business」というのがあります。「それは私のビジネスではない」という意味で、「そこはあなたでしょ？」「ここは私」という分担が、パキッと分かれている。しかも時間になったらパキッと終わります。それだけにこちらも、「それはあなたの仕事でしょ」と言いやすかったりします。いわゆる現場マネージャーはいません。セクションがきっちり分かれ、その場はその人に、ここはこの人に任せるというのがハッキリしています。

個が際立っていて、つまりは「up to you」。その人がどうしたいかによって決まります。一方で日本の場合は、四文字熟語で言えば「一蓮托生」。喜びは共有出来るし、苦しい時も支え合える。アメリカは元々個人主義ですから、仕事も個人と個人という意味合いが強く、出会う人もどんどん変わっていきます。でも日本は、一人の人との関係をじっくり深められる。ひとつの組織との関係を深める土壌があります。僕は日本のほうが好きですが、どちらも魅力的です。

日本のやり方だと、長く一緒にいれば苦手なところは先回りして担ってあげられるし、得意なところを伸ばしてあげることも出来る。でも俯瞰的に見ないと、その関係性が凝り固まる可能性もあります。欧米の場合、今この瞬間がいい状態でも、次のところに飛び出したら、いきなり失敗するかもしれない。だけど、それを自己責任だと笑える魅力があると言えるかもしれません。

そう考えると、マネジメントのやり方には濃淡があるでしょう。日本でも、欧米スタイルに振り切った事務所もあると思います。トップコートの場合は、寄り添ってくれる。ファミリー感があるし、品（ひん）を大切にしています。アーティストが事務所に来るとみんな挨拶するし、どこかに行く時は「いってらっしゃい！」と声をかけてくれます。傷つきやすい心にとって、誰かが自分のことを見てくれている。見守ってくれている感覚は救いになる。エンターテイメント業界で、それは素敵なことだと思います。

もしこの本を読んだあなたと、マネージャーとしてお会い出来たら嬉しい。何故ならそれは、あなたが一歩を踏み出した結果だから。アーティストはアーティストという人生を歩んでいます。マネージャーは仕事だけど、一緒に仕事をしながら、アーティストという人生を共に歩んでくださる方に出会えたら幸せです。

TAKAHIRO

中村倫也

■ケースバイケース

自分にとってマネージャーという存在はビジネスパートナー、でしょうか。僕の場合なら中村倫也という俳優、それを世に出すにはオファーを頂いたり、こんなことをやろうか？と外部の人と話したり。なんだかんだの経緯を経た企画があり、出演させていただくことになると。その時には僕の側の考え、事務所やマネージャーとすり合わせをしながら進めます。だから中村倫也という個体を世に出す上でのパートナー、仮面ライダーWみたいなもの？二人で一人、そんな感覚です。

つまりマネージャーは、担当になったアーティストをより深く面白がってもらうためにどんなことをしていけばいいのかを考えていくことになります。今ある良きところ、その根を伸ばすように深めていくことだったり、新たな面白みを見つけることだったり。やるべきことは、全くのケースバイケースです。

例えばわりと客観性があり、ある程度は自分でプランニング出来て、俳優としてこうありたいという像を自分で描いてもいる。そういう人間を担当する時と、まだ全てはこれからの若い人、本人がやりたいことと周りの面白がることが違う人など、色々なパターンがあります。それぞれマネージャーに求められる資質は異なるでしょう。だから、一括りにするのは難しい仕事です。

中村倫也

■失敗を失敗と思わない

数年前、その時の現場マネージャーが朝寝坊して、自分で運転して現場に行ったことがありました。マネージャーの失敗で覚えているのってそれくらいです。3～4作を並行して取り組み、忙し過ぎて、2～3日寝れなかったことはありますが、それはスケジュールを組む上での失敗というものでもない気もします。そうした無茶苦茶を超えると、人は強くなるものでもあって。今となっては笑い話です。

あとは失敗をバレないようにしていたのか、僕が見ないようにしたのか…。わかりません、よく忘れるたちで。そもそも自分は、失敗を失敗として記憶に残さないようです。失敗しない人間のほうがダメという気がします。「失敗をしにいく人のほうが好きだ」と親父も言っていました。

決して優しい訳ではありません。それで言うなら、ちゃんと人を怒れる人間のほうが優しいでしょう。ただ褒める、怒ることについて、世の尺度とは違うのかもしれません。マネージャーが車をこすったりすると、人に話せるネタが増えた！　と思って面白くてたまらないですから。成功より失敗のほうが学びが多いし、記憶に残るものだと思うのです。

■資質より大事な向上心

マネージャーに向いた資質というのもまたケースバイケースです。マネージャーに限らず、資質に合わせた努力をすることで長所を伸ばしたり、短所を補ったりして社会に適合していくもので。暗い性格であってもアイデアが豊富ならいいし、アイデアを持ってなくても、出来ることがあるはずです。マネージャーになりたいのに体力がない、だからといってその人を否定することなんてありません。面白いものを持っているなら、それがなんだっていい。資質なんて、ここで語らなくていいものに思えます。

そもそも出来ないことなんて、やっていれば出来るようになるものです。出来るとされていることも、横を見たら同じように出来る奴なんて沢山いるのが社会で。どれだけ弱みを補い、強みを武器に出来るか？　それは資質の問題ではない気がします。

俳優でも芸人でも、みんなそう。エンタメの世界って資質や才能と、元々持っているものだけで勝負出来る世界ではきっとないはずです。そこから何を積み上げ、不可欠な存在になれるか？　そもそも備えていた資質より、向上心のほうが大事でしょう。

その向上心とは何か？　本人がやりたい！　と行動を起こす原動力や衝動、野望や夢です。それは他所（よそ）に求めて得られるものではなく、本人の中にしかない。そんなものは目に見えないし、いくら原稿用紙に何枚も作文を書かれても、本当のところは実際にやってみなければわかりません。

■本音が見える会話

マネージャーになりたくてこの本を手に取ってくれている人も多いと思います。どうしてなりたいと思ったのか？　もしなれたら何をしたいと思っているのか？　正直な気持ちを聞いてみたい気はします。面接試験のような優等生な答えでなくていい。「今日何食べた？」「好きなものは？」「趣味は何？」というような何気ない雑談から広がって、ポロっと出てくるその人らしい言葉にこそ、本音が詰まっているのではないでしょうか。

マネージャー業はエンタメの世界だけではなく、様々な業種にそう呼ばれる役割があります。そしてそれは、人と関わり人と組んでやっていく仕事です。だから、コミュニケーション能力を必要とされる場面が多いとは思います。芸能の分野で言えば、やっぱり映画やドラマ、舞台、音楽に触れていたほうが、会話が弾む機会は増えます。でも、どんな内容であれ、何か夢中になっていることについてとても楽しそうにしゃべる人の話も、ついつい聞いてしまうものです。異業種の人達とゴルフに行った時に聞いた話が面白過ぎて、思わぬところで学ぶことが出来たなと感じたこともありました。

コミュニケーションに関しては、構え過ぎずに踏み出してほしいと思うのです。

■初期衝動を忘れない

マネージャーを目指すきっかけになったこと、その時の気持ちは大事にしたほうがいいでしょう。なんでもそうですが、人って忘れていきます。やっていくうちに、なんでこんなにしんどいのだろう？　とか、なんだかんだで逃げようとする。ラクをしようとするものです。

忍耐力や耐久力といった体力的なことだけではなく、それをカバー出来るのが初期衝動だったりすると思うのです。自分で追及しよう！　と足を踏み入れた世界で、その表も裏も目にして。すると映画を観るのが好きな子どもだったのが、その頃と同じような目線ではもう映画を観ていないことに気づく。純粋にお客さんの見方は出来なくなっている。そうして、失うものもあります。

それでも続ける、向上していこうと思う、その始まりの欠片になるのは、何も知らなかった、キラキラとした気持ちのようなものだと思います。それは社会を生きていくのに大事なもののはず——と、汚れちまった男は思う訳です。始まりはなんでもいい。その門を叩く理由はエンタメ好きでなくてもいい。好きじゃないとエンタメが作れないかというと、そうではないと思うので。

それからマネージャーとして関わった俳優やミュージシャンの作品が世に出た時、それは自分の人生にとっても、1ページになる仕事でもあります。映画やドラマのＤＶＤだったりＣＤだったり、今では配信という形態もありますが、なんらかのカタチになって残る。親御さんも、我が子の仕事が目に見えて嬉しかったりするかもしれない。そうして、たまにはやりがいを感じられるはずです。

マネージャーにはプロデューサーのような面もあります。社会に適合出来る人は面白いものが作れない、そんな印象もありますが、ウチの会社に限って言えば、ちゃんとした人でないと。それでいて変わっている人が一番良いかもしれません。常識があり、自分の仕事や人に対して誠意がある。時間に正確でちゃんと報告が出来る、タスクを正しくこなせる人でないと厳しいでしょう。

■本当にやりたいことは、誰に何度否定されてもやる

誰もがマネージャーになる必要なんてありません。どうしてもマネージャーになりたい人は、この本に出合ってなくてもやるはずです。いわゆるビジネス本もそうでしょうが、何かの勉強になるかも？と思って手に取ります。僕も若い頃は俳優を目指すための本を沢山読みましたが、結局のところ、泥

中村倫也

を喰ってでもやり続けられるかどうかです。
もちろんこの本も、マネジメントという芸能界の屋台骨を担う仕事を目指す人が増えてほしいから作ったはずで。もし読んでくれた人に、なんらかのカタチで価値がもたらされたらこんなに嬉しいことはありません。

僕は幼い頃、「ギターを習いたい！」と親父にお願いしたことがありました。でも3回ダメだと言われて習うのを諦め、自分でコード本を見ながらぽろぽろと弾いただけでした。

大人になってその話をある人にした時、「本当に習いたかったら、3回ダメと言われてもやるよね」と言われ、確かにそうだなと。本当にやりたかったら、誰に何度否定されても、ほっといても、やる。その確信が今も根底にあります。だから僕は未だに、素人に毛が生えた程度のギターテクしかありません。

やれと言われても決してその通りにはやらなかったし、やるなと言われても、本当にやりたかったらやっていた。ずっとそういう子でした。きっとマネージャーという仕事もそう。どうしてもマネージャーをやりたければなる。それで本当に好きと思えるなら、きっとマネージャーとして成功するでしょう。僕が親父から譲り受けたのはそんな、極論とでも言えそうな性格ですが、自分はそうやって生きてきました。どうにも本音でしかモノを言えません。

だから、この本を読む時間のあとは合コンにでも行ってください。本を閉じ、町に出ることから始めればいい気がします。若者よ、どうぞ思いを持って、旅に出てください。

オンリーワンのマネージャーへ

取締役 Y

なぜ、今、マネージャー本なのか?

マネージャーという仕事には、様々な楽しさがあります。例えば、これから作られる映画や連続ドラマの最新話の台本を、先取りして読むことが出来ます。「今度はこんな映画が作られるのか!」「連ドラの先はこうなるの!?」、エンタメ好きにはたまらない喜びです。それを楽しめるマインドを持つと、仕事の捉え方は変わります。柔らかい発想は、いわゆるミーハー心を進化させる。決して頭でっかちである必要はありません。

人が生きていく上で、エンターテイメントは必要です。一人のアーティストによって、誰かの人生がほんの少しでも変わるかもしれない。そんな可能性があります。マネージャーはそうしたアーティストを育てるだけではありません。彼らと並走し、そのポジションを高め、キープしていく。一緒にいる時間は長く、様々な話をしていく中で、確かな繋がりが生まれる。時にプロデュース能力を駆使して、自分のアイデアも投影することが出来ます。両者がアジャストする瞬間があるのです。とても刺激的な仕事です。

だからもっと、マネージャーになりたいと思う人が増えてほしい。仕事選びと向き合った時、今までは選択肢にマネージャーという職種がなかった人達にも興味を持ってもらえたら——。この本は、そんな思いからスタートしました。

たいそうなことを言っていますが、果たして自分はどんなマネージャーだったのか? トップコートに来てから長い年月が経つので、思い出せるかどうか心もとないのですが、振り返っていこうと思います。

トップコートとの出合い

以前お仕事をご一緒させていただいた女性アナウンサーがいました。彼女がMCをすることになった番組で久しぶりにお目にかかり、近況を話すうち、彼女がその時、トップコートという会社と業務提携していると知りました。その後の会話で、「Yさんって、マネージャーに向いていそうじゃない?」と言われたのです。

「マネージャー?」

マネージャーがどんな仕事をするのかもわかりません。マネージャーをしている人にも、会ったことがなかったのです。それはちょうど新しい職場で働き始めて1年ほどが経ち、何か違うかもと考えていた時でもあった訳です。新しい仕事としてマネージャーは選択肢にありませんでしたが、自分を知る人から、「向いている気がする」と言われると、ひょっとしたらそうなのかもしれないという気持ちになりました。

それならばと意を決して面接を受け、入社することになりました。その女性アナウンサーには現場マネージャーが付いていたので、私が車を運転して現場まで送迎することはないはず。営業をするのだろうか？ マスコミの仕事は好きだから、なんらかの役には立てるかもしれない――。はじめはそれくらいの感覚でした。

新人マネージャー時代

毎日が、とにかく必死

社長との二度目の面談の時、「木村佳乃は好きですか？」と聞かれました。半年ほど前にオンエアされた月9ドラマ『ブラザーズ』（１９９８年）で、帰国子女で明るい性格のヒロインを演じていたのを記憶していました。「木村さん、素敵ですよね」と言うと、「木村を担当してください」と言われたのです。

「トップコートを紹介してくれた、女性アナウンサーの担当ではない⁉」

とても驚きました。しかも女優のマネージャーが何をするのか？ 見当もつきません。でも、やってみよう。不思議なもので、自然と前向きな気持ちになっていました。

仕事はわからないことばかりで、毎日がとにかく必死でした。当時は社内に社長以外に聞ける人がいなかったため、自分でどうにかするほかありません。現場に行って、周りのマネージャーさんの見様見真似で動いていました。だから、見当違いなこともきっと沢山したはずです。

知らないことだらけで、ト書きとは？　そのシーンの状況を説明するセリフ以外の文章？　撮影現場で使われる簡単な専門用語、例えばＬＳや２Ｓなどの略語もわかりません。わからないことは「これはどういう意味ですか？」と、教えてくれそうな人にひとつひとつ聞いて覚えていきました。

まるで素人です。木村も大変だったと思います。

時間がない！

もう20年以上も前の話で現在とは世情も環境も違いますが、当時つらかったのは、とにかく時間がないことでした。睡眠時間が十分に取れず、プライベートもほとんどありません。１日の仕事を終えて家に帰ってきても、数時間後にはまたすぐ仕事に行かなければならない。そんなことがしょっちゅうでした。

夜に打ち上げの食事会がある時も、一度家に帰って着替える時間がありません。現場での動きやすい格好から、ある程度はきちんと整えた服装にしたい。慌てて車の中で着替えることもありました。

それでもマネージャーを続けられたのは、担当したのが木村佳乃だったからだと思います。彼女の努力を間近で見ていて、これだけ厳しいスケジュールの中でここまで仕上げてくるのか！　と驚くことが多々ありました。自分になんらかのバックアップが出来るなら、出来るだけのことをしたい。もし私がここでマネージャーを辞めてしまったら、たとえ一時的ではあっても、彼女が困るかもしれない――。そんな単純な思いが大きかったのです。

そうしてなんとか経験を重ねていき、マネージャーとして自分が1歩ずつ成長していくと、アーティストとのコミュニケーションも段々と深くなっていきます。自分が頼られているのだと感じると、もっと頑張っていこう！　と思える。人ってそういうものだと思います。

社長が担っていた木村のチーフとしての役回りを引き継ぎ、新たに若手の俳優が入ってきて。彼の業務が回り始めたくらいで現場マネージャーを一人入れ、チーフとして二人を担当することになっていきました。

マネージャーの基本の「き」

信頼関係をいかに築くか？

アーティストというのは、非常に成長が早いものです。特に沢山の人から支持されていく人は、あっという間に成長します。まるで高速道路で合流しようとする車が、減速することなくその流れにスッと乗っていくようです。

彼らは、情報を得るのも早いです。そんな彼らから発せられた情報を知らなかった場合、マネージャーは興味を持ってすぐにその内容を押さえる必要があります。世の中の情報に敏感でいる。その上で、1歩先を行くところまで考えておく。アーティストとの信頼関係をいかに築くか？　それは本当に難しい。多くのマネージャーを見てきましたが、そこには担当に付いてからの年月はあまり関係ないようにも思います。

例えば空気を読めるか、読めないか？　それについても、アーティスト本人に合わせたやり方があります。同じアーティストを一生変わらずに担当することはそうないでしょうから、その都度その都度、対応の仕方を変えていきます。それはどこの組織にいたとしても、上司や部下が変われば誰もがすることかもしれません。

それでいて、私達はあくまでサポートする側です。確かにアーティストが新人の頃はマネージャーがぐいぐい引っ張っていき、そのうちにマネージャーが彼らの背中を押すようになって。その先はアーティストが猛烈なスピードで成長していっても、そんな彼らに並走出来るレベルに自分を持っていく必要があります。

私の場合、新人の現場マネージャーとして木村に付いた時、彼女は既に女優としてのキャリアを積んできた存在でした。ですから、どうにかして彼女に追い付こうととにかく必死だったのが正直なところです。それでいて、追い付けたかどうかはわかりません。けれどそのうち、年齢的には私のほうがだいぶ年上なので、その分の経験が活きる場面もあります。関係性は変化していきます。

状況が変わってもアーティストをグリップする、一方的に振り回されるのではなく、きちんと信頼関係を築きながら共に走るというのは難しいものです。相性が合うか合わないか、それだけでは片づけられません。アーティストはマネージャーに友達になってほしい訳では全然ないでしょう。それでいて、自分のことをどれだけ考えてくれているか？　必ず見抜きます。だから、その上で彼らと確かな信頼関係を築いている今のチーフ達を、私は大変にリスペクトしています。

信頼を得るのに、コツなんてない気がします。アーティスト本人といかに一生懸命に向き合うか、それだけなのかもしれません。

素直であること

マネージャーに必要な資質とはなんでしょう？　まず浮かぶのは、素直であることです。人としての基本の「き」、かもしれません。誰もが自分の良いところを見せたいし、ちょっとした嘘や失敗は、出来ればごまかしたいものです。でもそれが積み重なると、もう素直な人とは言えません。マネージャーが扱うのは人間ですから、それでは信頼は得られないでしょう。

例えばタレントに「今は何待ち？」と聞かれた時。え⁉︎と焦ってしまい、その場の想像で「照明のセッティングに時間がかかっているみたいです」などと適当に返事をしてしまう。それでフタを開けてみたら、違うじゃないか！　ということになってはいけません。大事なのはその時に、「すいません。わからないので、聞きに行ってきます」と言えるかどうかです。もちろん、毎回「聞きに行ってきます」と言っていたら、それはそれで問題です。だから聞かれるかもしれないことは常に先回りし、何を聞かれても答えられるように準備しておく。そうした些細なことの積み重ねがモノをいう気がします。

とはいえ、わからないことはわからないでいい。ごまかす必要はありません。でもそこに「早く信頼されたい」「わかってないな、と思われたくない」と、そうした気持ちだけが先行してしまう時もありますが。万が一最初はそうだったとしても、それではいけないと理解して切り替えていけることが大事です。

自分にとっての仕事の流儀

この仕事を、好きでいる

仕事をする上で大事にしていることは何か？ それを言葉にするのは難しいものです。大人というのは、大人になろう！ と決めてなるものだと思っていますが、社会人になったばかりの頃と今とで、考えていることはほとんど変わらないようにも思えます。その辺り、世の中の人はどうなのでしょう？ 私自身は、過ごしてきた年月と見合うほどに成長出来ているかどうかさえわかりません。人生も折り返しに入り、むしろ以前の自分に戻ってしまっていると思うことさえあります。

仕事を好きでいること、確かにそれは大切です。仕事を好きでなくても続けられる人もいますが、私はやればやるほど好きになっていきました。好きだから続けられているのは間違いないでしょう。ただ、あまりに長く続けていて懸命になり過ぎているせいなのか、この仕事を好きなのかどうか、わからなくなっているところも正直あります。でも、常に大切に思っているのは事実です。アーティストやスタッフを思う気持ちが、自分を動かしているのかもしれません。

常に会社側に立った判断を

この会社では新入社員の頃から、もちろん中途入社であっても、「会社側を向いた人間でいてほしい」と常々言っています。いざという時、アーティストに対して会社側に立ってモノが言えないというのは、社会人として中途半端です。あなたはどこの人なの？　ということになってしまいます。

それでいて、アーティストというのはとても冷静です。何か問題が起きて感情が高ぶり、熱くなっている時は自分の味方をしてくれるマネージャーを有難いと思うかもしれません。でもふと冷静になった時、「あのマネージャー、会社の悪口を言っていたけど？」と不信感を抱くことになりかねません。

会社側に立った判断は、マネージャーとして重要なのです。

チーフマネージャーへの道

誰がチーフに？

現場マネージャーを見ていて、その子がチーフに向いているかというのは、もちろんすぐにはわかりません。

チーフには、何人もの人を束ねていくプロデュース能力が必要です。マネジメントは一人では出来ませんから、どうしたら部下に気持ちよく働いてもらえるか？　考えなくてはいけません。部下が辞めるのはチーフにとっても責任を感じる出来事。最近は現場マネージャーの採用についても、1次面接はチーフ自らやってもらいます。チーフは、責任を持って部下の話を聞く。10歳も年齢が違えば、感覚は全く違うでしょう。でもそれに合わせていく。そうした目線に立たないと、会社に残ってくれる人達は減ってしまうと思うのです。

誰をチーフにするか？　それは会社としての人事なので、社長と取締役とで決めます。各々のチーフとも話し、様子を見ながらバランスを考えていく。人事というのは、大きいものです。それによってその人自身の、時にはその周りの人間のやる気を出す結果になったり、逆に失わせてしまう可能性もありますから。でも、この仕事に学歴は関係ありません。プロデュース能力、物事を進めていく上でのバランス感覚があれば、一般企業のように多くの段階を踏むことなく、チーフマネージャーになれると思います。

マネージャーが個性的である理由

トップコートはアーティストとマネージャーのやりたいことが、利益に繋がってきている会社だと思います。あるやり方を選択する場合、それを選ぶ理由、1年後にどんな効果をもたらすことになるか？　そうした確かな計画があり、全体像がハッキリと見えているなら、たとえコストが倍になるとしてもやりたい方法を取るべきです。ここ数年は、そうしたやり方に切り替えました。それもあってか、特にチーフマネージャーにはしっかりと予算意識が備わっている気がします。

外部の人から頼まれごとがあったとしても、経営側から勝手にオーケーは出しません。会社としての決めごとに関する権限の全てが社長にある会社もあるようですが、現場に近い人間の思うことのほうが正しい、そういう考えなのです。そうすると、マネージャーも新しくやりたいことがどんどん生まれてきます。それが上手く成立すれば自信もつき、更に思い描くものは大きく広がっていくはずです。

だから、トップコートのマネージャーは個性的なのかもしれません。

マネジメントをしてみたい人

人間力を見る

　私が今、「こういう人をマネジメントしてみたい」と具体像を思い描くことはありません。時代は移り変わり、世の中は変化しました。どんなアーティストなら多くの人々の心を捉えることが出来るのか？　その問いへの答えも、どんどんカタチを変えていきます。芝居がいくら上手くても、なかなか芽が出ない俳優だって沢山いるのです。だから、作品を観る人と近い世代、マネージャーが良いと思う人が良いはずです。彼らは担当する俳優の共演者や沢山のアーティストを間近で見てきています。探してくるのは彼らで、何故良いと思うのか？　そのプレゼンを聞いたあとで面談し、自分の目でその人を見ます。

　私達が見るのは、売れそうかどうか？　ということよりも性格、人間力です。目を見て話せば、それがシャイであまりしゃべらない子であっても、「純粋で性格が良さそう」などということは感覚的にわかります。しかもその前に、マネージャー達によってふるいにかけられている訳ですから。

　最終的に１名に絞るとしたらどちらの子ですかね？　くらいの判断です。

満場一致を探して

たまに、この人は売れそうだ！ という勘の働くことがあります。初めて会った瞬間に、「あの広告が合いそう」「あのプロデューサーのところに連れていくといいかも」と、頭の中で様々なイメージを描ける人というのがいます。

それは多分、会えば誰でもわかると思います。それがよくいう満場一致、です。沢山の人が参加したオーディションで、「この人が面接会場に入ってきた瞬間から決めていました！」というのをしばしば聞きますが、そういうことが本当にあるのです。決して後付けではありません。

顔が良いとかスタイルが良いとか、単にそういうことではありません。売れる！ と、その場にいる全員に思わせる存在。我々はそういう人に会いたい。だから「新人発掘プロジェクト」を組み、地方から、ネットから、オーディションを実施して探しています。

売れる！ と思わせる要素は、ひとつではありません。素人の方であっても、どこかオーラがあると思わせる人はいます。見た目だけではなく、話していると何故か心惹かれる人もいます。また、時間をかけて段々と良くなっていく人もいます。そして、彼らの俳優としての成長と良い役とが合致した時、際立った存在へと駆け上がるのです。

現在トップコートに所属するアーティストは、業務提携を含めて30人ほど。少ないのかもしれませんが、今のマネージャーの数でアーティストをちゃんと見ていこうとするとこれが精一杯に思えます。彼らがどんな仕事をしているのか？　全体を把握出来るのもそれくらい。自分の会社に所属するアーティストが誰か、どんな仕事をしているのかさえわからない、そうしたことは避けたいと思うのです。

マネージャー求む！

プロデュースをしたい人

マネージャーという仕事は、会社によってその業務内容が変わるようです。それでいてどの会社であっても、その内容は日々異なり、ルーティンではないでしょう。

トップコートでは、「マネージャーは現場だけをずっとやってください」ということはありません。いつもアーティストの顔色をうかがっていなければいけないとか、彼らが次にどんな展開をしていくかはわからないまま現場でのケアだけを求められる、そういうこともないのです。

マネジメントのために企画を立て、プロデュースをする。そんな人材を求めています。最近は「こういう本を読んでいます」という定例会を開き、映像化のための原作を探したりもしています。すると日常的に、面白そうな小説を探そう！　という意識が生まれるでしょう。それでもし、本気で映像化したいと思える小説が見つかったら、自らの手で制作まではまだ出来ませんが、例えばテレビ局や制作会社に企画を持って行き、映画やドラマを作る。今後はそうしたことが実現するかもしれません。

とはいえ、なんでも自由にやれる会社ではないので、予算管理や全体像がいかに見えているかは当然厳しくチェックされます。でも、まずはクリエイティブな発想を求められるのです。ただ言われたことを黙々とやるよりも、断然楽しい仕事ではないでしょうか？

まずはエンタメ大好き！　でいい

マネージャーとは、どんな仕事なのでしょう？　業務にはアナログな部分がまだまだ多いですから、ある意味での「ミーハー心」を持っていないと、こんなはずではなかった…と感じる人もいるかもしれません。でもミーハー心を持ってこの世界に入ってくる人は、そうしたイメージが出来上がっているものです。だから撮影現場に行っても、あの人に会えた！　という単純なことを楽しめるのです。

次第にマネジメントがどんな仕事か、ある程度わかるようになると、こんなことも出来るかも？

という新しい発想が生まれるはずです。だからまずは「エンタメが大好きです。現場に行けるだけで楽しい」でいいのです。毎日車を運転して、アーティストの送迎を完璧にやれるようになって、「その先に何が出来るかは入社してから考えます！」というスタンスでも、自分次第で日々吸収出来ることは明らかに変わってきます。

例えば、絵を描くのが得意とか映像を撮るのが上手いとか、編集能力が高いとかＳＮＳでの発信が好きとか。これなら出来る！という能力を活かし、マネジメントの一端を担ってもらうのもいいと思います。時代が変わった今、新しい世代に新しいマネジメント方法を見つけてもらえたらとても嬉しく、そういうチャレンジが未来へ繋がっていくと感じるのです。私たちもそんな出会いを心から楽しみにしています。

取締役 Y

おわりに

代表取締役　渡邊万由美

現在までの道のり

トップコートを作るきっかけは、ごく偶発的なものです。木村佳乃と出会い、たった二人からのスタートでした。ＮＨＫドラマで主演に抜擢していただき、会社を作る必要があったというシンプルな理由からでした。社長兼マネージャーとして丸3年ほど、あらゆることを二人で乗り越えていきました。

それはどんな日々だったのか？ 言葉で表すのは難しく、忘れてしまっていることも多いでしょう。芸能のマネジメントに関する教科書や辞書なんて存在しませんし、やり方もわかりません。相談出来るのは木村しかいないという状況の中でもがき続けました。

でも、とにかく楽しかったのです。マネージャーの仕事をしていなければ味わえなかったであろう思いをこんなにさせてもらえるんだ！ かけがえのない自分の人生の大半、ほぼ全てを懸けるにふさわしい仕事だと感じました。その素晴らしさを知ることが出来て、自分はなんてラッキーなのだろうと。それ以外の何物でもなく、出会いに感謝！ その一言に尽きると思っています。

木村佳乃というアーティストと向き合い、スケジュールを組み、マネージャーとしてその人のことを24時間考えて仕事をしていく。自分以外にも、この経験をさせてあげたいと思うくらい、なんだろうこの仕事は!? ものすごいものを見つけた！ という気持ちになりました。絶対に他の人もやりたいだろうと感じたのです。

そうして3年ほどが経ち、会社を作った以上は、一人のアーティストを大切に育てていくと同時に、組織作りをしなければいけないと思うようになりました。アーティストを育てる以上に、会社の組織やその環境を作ることが自分の役割ではないか？ そうした責任感が芽生えました。そこへ運よく、ある人からの紹介で、のちに取締役となる人間が面接に来てくれたのです。2回会ってすぐに、この人なら木村の現場、スケジュール管理は任せられると思えました。これもまた、なんともラッキーなことです。おかげで自分は現場から1歩引いたところで見ることが出来るようになりました。

実は会社を作った当時から、マネージャーという仕事の素晴らしさを、誰もが理解してくれるだろうと思っていました。「この仕事、楽しいでしょう？ つらいこともあるけど、面白いよね。やりがいも大きいし」――それが28年間、自分がこの仕事をしていくなかでずっと感じていることなのです。もちろん現場は大変で、せっかく入社しても、「やってみたけれども、やっぱり難しかった」とか「自分が考えていたこととちょっと違いました」という人は大勢います。そういう人の悩みを聞いていると、「悩んだ先には必ず前に進めるはず、だって自分はこの仕事が本当に好きなのだから」と思っている人と、「マネージャーの仕事ってなんなのだろう？」と土俵にさえ上がれない人の2つに分かれる気がしました。そして、後者が圧倒的に多かった。悩んだことの先を思い描ける人というのが本当に少ないのだと、会社を始めた頃から驚きと共に感じていました。

こんなに楽しくて人生を懸けてもお釣りがくるくらいに、自分にはもったいない仕事。そう思いながら会社を作り、色々な人に働いてもらうようになったものの、あれ違う？ ということの連続で。だからこそ、ずっと一緒に働いてきてくれた取締役にはとても感謝しています。木村佳乃との出会い同様、会社の土台を作るところから今に至るまで、他の職業とは比べものにならない醍醐味を感じていることを、理屈抜きに理解してもらえている。その安心感と感謝があるのです。

マネージャーという仕事の素晴らしさは、自分で経験してみないとわからないはずです。だからこそ、現場を経験しつつ決定権を持ってもらおうと考えました。決定権を持てば、そこで失敗してはいけないと思って誰かに相談したり、もがいたりするでしょう。自分で決定したことを自分で成功に導いていくのです。助け舟はいくらでもあるけれど、最終的には自分がしようと思ったことをやる。奮闘してもらう。たとえ失敗しても、絶対に引き出しは増えます。だから失敗はしてもらいたいし、つらい思いも、アーティストとの離別も経験してほしい。仕事が上手くいっていると、相手との距離もどんどん縮まって安心感も増していく。でも何かのきっかけでそうした人間関係が変化し、その人が去っていくこともある。その時に人の大切さを改めて知るのです。私はこの仕事を通して多くを学びましたが、人間についても少し知ることが出来た気がします。

色々な意味で、マネージャーは背負わなければいけません。担当するアーティストの大切な人生を、本当に自分のことと同じかそれ以上に大切だと思えるかどうか。そんな風に思える人はマネージャーの資質があるかもしれません。そう感じるのは、最初の3年間があったからです。誰もいないところで、さあどうする？　と木村と二人でうろうろしていたあの日々がなければ、マネージャーという仕事の醍醐味はこれ！　と、実感を伴って言うことは出来なかったと思います。もちろん、やってみたい人と全く興味が持てない人がいるのは当然です。ただ前者であっても、やってみないと本当のところはわからないから、是非挑戦してみてほしい。それが全くの本音です。

もしマネージャーという仕事を毎日体験している人の生の声、現実を知ってもらえたら？ 芸能界というのは一般的にイメージされるような怖い世界では決してないし、昔でいう「３Ｋ」のような、きつくて危険なだけの仕事でもないと感じてもらえるのではないか。日々奮闘しながらも楽しんで、夢を抱いて、前へ進む。その姿からは他の職種と同じように、やりがいやスキルアップすることへの喜びを感じてもらえるはずです。そう願いながら、この本を作り始めました。

最初の3年間がもたらした気づき

私自身、マネージャーの素人で芸能プロダクションの新米社長、人間としてもまだまだ未熟で、業界の価値観は理解出来ないどころか自分自身の価値観とあまりに違っていて、ピンとこないことだらけでした。自分はどうやって仕事をしていけばいいのか？ なんらかの答えを出す必要があり、自分自身と向き合う日々。どこかの組織に入った訳でも、誰かの下に付いたのでもありません。あらゆることに関して、あなたはどうしますか？ と突きつけられる毎日でした。

対外的にはもちろん、担当する木村佳乃との関係でもそう。例えば「誰かがこう言っているから」というエクスキューズはありません。全てが経験に基づいていきます。「失敗は成功のもと」ということわざがありますが、まさにその通り。今でもなんて良い言葉だろうと思うのです。

様々なマネージャーがいますし、芸能プロダクションも色々あると思いますが、マネージャーのガッツを突き動かすのはやはりアーティストなのです。アーティストの魅力、あるいはその勢いです。それに強烈に引っ張っていかれ、気づいたら何十年も経っていた。今、そんな感覚なのです。

私の場合、どんな時も木村佳乃という人が輝いていたことが大きかった。彼女がこれほど良い仕事に恵まれ、睡眠時間を削り、朝から晩まで働いている。現場に行けば、時には疲れていることだってある。そんな時も、「頑張ってね」「ありがとう、じゃあ行ってくるね」、そんな気持ちの交流があります。「疲れたな」という気持ちを抱いてしまっていたとしても、新たなモチベーションが生まれてマイナスの気持ちは塗り替えられていく。その連続です。

アーティストの輝きや才能や存在感が好きで、好きな人達が頑張っているのだから私も頑張ろう！と。それはとてもシンプルです。自分にはない輝きと才能を持った人と関われて、その人の進化が見られるのですから、やっぱりマネージャーは面白い仕事です。

武勇伝となった失敗談

現場マネージャーをやっていた頃は、失敗も沢山しました。失敗だらけです。失敗談を語り始めたら、ちょっとやそっとの時間では足りません。2つの現場を成立させるためにヘリコプターを飛ばしたこともあります。本来スケジュールは大丈夫なはずだったのですが、フタを開けてみると絶対に2作の撮影を縫いながらやり遂げることが出来ないという日が出てきました。両方のスタッフにお願いしてもお願いしても、どうにもなりません。そんなの当たり前です、デビューしたばかりの新人なのですから。その子のために先輩方のスケジュールを動かしていただくことなんて無理です。

困り果て、インターネットもない時代ですが色々と調べるうちに、撮影をするスタジオにあるヘリポートを使えばなんとか間に合うことがわかりました。そこから向かうべきもうひとつの作品は羽田空港の近くで撮影することになっていて、ヘリを使えば飛行時間は正味15分。移動に許される時間は1時間だったので、なんとか間に合います。今思うと、どちらの作品の方にも知られていたと思うのですが、特にそのことについて触れられることもなく、「お疲れさまでした。じゃあ、行くよ！」「はい！」という感じで、スタジオの屋上から平然とヘリに乗り込みました。それで羽田空港の近くにあるビル屋上のヘリポートに降り立ったのです。

このエピソードは「ヘリコプター事件」として社内ではわりとよく知られた話です。結果的にはどちらの撮影も予定通りに進められたので失敗ではないのかもしれませんが、当時は本当に頭を抱えました。

働く環境作り＝オフィス力の大切さ

今は自分以外にも裏方をやっている仲間がいて、相談することも出来ます。苦楽を共にするというのか、マネージャーという役割同士の繋がりを絆として確認しながら、その安心感の中で仕事が出来ています。それは自分にとって得難い環境です。実は会社を始めた時、アーティストを作ろうというより、まずはそうした環境を作ろうと考えました。

社名は、ネイルサロンでマニキュアの上に塗るトップコートを見て、語呂がいいなと思いつきました。トップコートというのは輝くもので、しかも〝トップ〟でもあって、塗ると輝き続ける…コレだ！　と。ロゴのデザインも自分で考えました。まさに手作りです。

正直なところ、その時点で所属アーティストを増やすという野心はありませんでした。本当に、皆無です。木村で手一杯でしたから。そもそも芸能界や芸能プロダクションというのは自分自身には無縁のものだろうと。まさか自分がそこに入ることになるとは、全く思っていませんでしたから。

しかし、会社を作って活動していると、「こういう人がいるので紹介してもいい？」と声をかけていただくことがあります。基本はお断りしていましたが、なかには「やっぱり会ってみよう」「なるほど、この人は才能がある」と思うこともあって今に至ります。30人ほどのアーティストが所属するような事務所になるなんて、全く想像していませんでした。

会社としての土台を作り環境を整えることを大切に考えてきましたが、まだまだ発展途上です。同時に、常に今現在が過去最高に良いと思ってやっています。所属アーティストがとても頑張っているので、成長していきます。今日より明日、明日より明後日、アーティストは色々な意味でレベルを上げていきます。フロントに立つ彼らに対して、裏方はその成長に追い付く、ないしは追い付いてリードしていく。我々裏方も底上げしていく必要があるのです。人間力を含めたマネジメント力、スタッフ個人の力がアーティストと対峙していかなければ、どんどん追い越され、置いていかれてしまいます。実際にスタッフ力が成長曲線を描けているかどうかは厳密にはわかりませんが、「常に今現在が過去最高に良い」というのは、ここ数年はそういう意識でやってきているということです。

人事異動は日常的にとても多いです。新しい人にもどんどん入社してもらい、まずは現場をやってもらう。環境をアップデートする、更新し続けることは大事です。今いるアーティストにふさわしい環境を提供するためにも、会社の在りようはとても流動的です。

会社のカラーとしては、２０１１年に今のオフィスに引っ越した時、素敵なオフィスを作ろうと考えました。例えば白い机ひとつをとっても、「そっちじゃなくて、これがいい」というものを選んでいくと多少コストが上がったりします。でもオフィス自体を、「この会社はこういう会社なんです」というのが一目で理解出来るような、ショールームのようなものにすれば、わざわざ言葉で説明する必要はないと思ったのです。〝オフィス力〟を高めるためなら、無駄な出費とは言えないと感じました。

そうして出来上がったトップコートのオフィスは、ガラス張りで、オープンで、清潔感があります。会社として、そこを大事だと思っているのです。極力、全てを見渡せる作りにしました。

広告のセクションやデジタルコンテンツといくつかの事業部がありますが、全てが所属アーティストの活動から派生するビジネスです。とてもシンプルですから、今誰が何の仕事をしているかをスタッフ全員が把握し、共有するという形を取っています。共有のタイミングなど情報コントロールは当然ありますが、よくわからない不穏な動き、謎の仕事が生じないようにはしています。

私自身、戦略と称する策略のようなものがどうしても苦手です。だからこそ芸能界は向いていないと、随分長い間思ってきました。そうしたことを考えるだけでもう疲れてしまうので、シンプルにいかなくなる要素をなるべく排除してきました。もちろん現場では様々なことが起きます。ご一緒するアーティストやスタッフにはそれぞれキャラクターがあり、綺麗事だけで片づけられないのは当然です。でも、オフィスの在りようを見て、この会社はこういう会社だと感じ取っていただけたらと思っています。

トップコートのマネージャーは常にシンプルに、オープンな状態でいてほしい。その上で自分なりに考え、ガッツを持って切り開いていくことが出来れば、必ず成長出来ると思うのです。

鳥肌モノの喜び

マネージャーは、自分にはない能力や才能、輝きを持つアーティストと、血縁関係もない他人であるにもかかわらず、ずっと関わり続けることが出来ます。その人の親でも子どもでもないのに、同じ船に乗って航海していくのです。しかもその人の成長や進化を目の当たりにし、自分だけが知っていたその輝きや才能を、ある時期から一人また一人と知る人が増えていくのを生々しく体験出来ることもあります。それは電光掲示板の数字がカタカタカタカタとカウントされていくのを見るようで、まさに鳥肌モノです。

しかも自分は、人前に出て表現者をやりたいという気持ちのない人間だから尚更です。そもそも才能がないし、やる気もない。でもだからこそ自分には、その人が出来ない裏方が出来る。才能と輝きを持つ人と出会えさえすれば、自分がここに存在する意味、こんな風に生かされている意味があるのだと感じられる。普通にそう思っています。

それでいてマネージャーにはゲームのような要素もあります。対峙する相手はアーティストという人間です。「ここをこう打てばこうなるはず…ダメか」「じゃあ次はこっちから行ってみよう」と予想のつかないことが次々に起こります。本当に興味深いです。

相性の問題もあります。それはマネージャーの能力や資質とは別軸で存在するもののようです。でもこの世界は結局、「好きな人を応援しよう」「ひいきしちゃおう」と、好き嫌いとかえこひいきの拡販で成り立っているとも言えます。結局はそうした世界に生きているだけの話なのだから、好きな人を選んで付き合い、苦手な人とは疎遠になったりするのは当たり前。さほど気にする必要もありません。

一緒に仕事をしていく中でマネージャーもアーティストも成長し、宝物というのか、武器を身に付けることに繋がります。だから「相性が合わない」「そのために苦労した」というのは悪いことではありません。それもまた、この仕事の面白いところなのです。例えば「このドラマはちょっと大変なことがあって、やらなければ良かった」と思ったとします。でも裏を返すと、その作品をやらなかったら、その苦労を経験したからこそ得た経験、その作品によって距離が近づいた人との出会いは手に入らなかったかもしれません。

時間はどんどん過ぎていきます。人との出会いは、いつでも一期一会です。例えば1クールの連続ドラマは3ヵ月で終わります。基本的には台本を頂いて、やり終えたら終わり。だから走れるし、そこで切り替えられる。大変なことがあっても、クランクアップすればそこで終わりです。「どんなに大変な仕事でも、一生は続かないよ」というのがかつての口癖でした。だからこそ失敗は、法律と命に関わること以外なら、した者勝ちだと思うのです。

誤解を恐れずに言うと、失敗して落ち込んでいる人を見ると、うらやましいと思うくらいです。それで、次を見据えてハンドルをぎゅっと元に戻せる人か、引っ張られたままか？　そうした経験をその先に繋げられる人かどうかは、見ていればわかります。一方で全てが順調に運び、舗装された道だけを自動運転のように歩んでいける人もいて。もちろん、それはそれでいい。でも失敗したほうが、当たり前ですが成長します。失敗するようなことをやったほうが良いとさえ思う時があります。

マネージャーという仕事に限らないことでしょうが、少なくともトップコートという会社は、そういう環境にあります。やってみたいこと、やってみないとどうなるかわからないことは、是非やるべきです。ダメなら、「ごめんなさい」でいい。その代わり、「次に巻き返します！」というものを自分の中にちゃんと持って巻き返せれば。それをやることで他の人にはない経験が出来る、そのほうが前に進めるはずです。とにかくチャレンジしてほしい。それは私個人の信条としても、強く思っていることです。

少数の事務所

今現在の所属アーティストの数は、自分の体感としてですが、バランスがいいと思っています。そもそもアーティストの人数が多いとか少ないという問題ではなく、〝体積〟なのです。アーティスト一人一人の活躍と成長、それに伴って発生する仕事に対して、相応の力量を備えたマネージャーが必要になります。

ある時期から、チームでサポートしようと考えました。「あなたが担当だから、自分だけでやってね」という仕組みだと、アーティストの成長や進化、マネージャーの経験値とのギャップで必ずしも上手くいかないこともあります。最初は良くても、段々と上手くいかなくなることがあるのです。せっかく組織があるのだから、チームで動けばいい。複数のマネージャーがオープンな状態で、仲間同士助け合いながら情報や悩みを共有したり、困った時に助け合ったりする。アーティストもマネージャーもお互いが不幸にならないよう、それぞれ志のある状態をキープ出来るようにしたい。環境でカバーしてあげられるようにすれば、才能あるアーティストもやる気のあるマネージャーも育ち続けられるのではないか。環境を作るって、そういうことだと思いました。

それはアーティストのためでもあるし、我々スタッフのためでもある。それ以上でも、それ以下でもありません。そこもまたシンプルで、特別な秘策は何もないのです。

品格と清潔感と個性

芸能プロダクションの在り方、所属アーティストに求めるのは、品格と清潔感と個性です。そこはブレることなく大事で、それがこの会社のカラー、意識し続けてほしいキーワードです。

品格とは？ と疑問に思うかもしれません。最近、改めて考えたのですが、品格のあるものは流行を超えます。流行に紛れないのです。この仕事は時代の流れを読み、その半歩先を提案していく。トレンドをどうつかむかもやはり重要で、それがエンターテイメントビジネスなのでしょう。ところが私はそもそも芸能プロダクションをやりたかった人間ではなく、エンタメが大好きだからエンタメ業界で一生働きたいと考えていた訳でもありませんでした。とにかく周りに流されないことでしか、アーティストを守ることは出来ないだろうと思ったのです。

だから、自分の軸でやっていくことを考えました。他の人がやらないこととやれないこと、つまりは自分だけがやれることをやっていく。それが全てだと思ったのです。もしそれをやり続けられれば、私自身が「マネージャーって面白い！」と感じた、その初期衝動をキープ出来るだろうと。それには流行りに全く影響されない、紛れないものを自分達のビジョンとして持ちたいと考えたのです。

この仕事を始めて10年ほどは滑ったり転んだりしながらやってきました。私個人としても、この業界にいて自分に正直であり続けるのはとても難しいものでした。会社を立ち上げて環境を作り、日本の芸能という世界の中でのポジショニングをどうするか？ その中で色々なものと関わり合ってのみ生息出来る仕事ですから、自分の価値観を損なうことなく仕事をするには？ と悩み抜いて。それである時、品格が大事だなと感じたのです。流れに巻き込まれない、どんなものにも紛れないし、濁らない。流行を超えたものを持ちたい——。そう思ったのです。

更に、こういう仕事をしていく上での品格とは？ と考えました。行儀がいいとか、そうしたことはここでは置いておきます。それは、優しさだと思いました。一人ではなく、人と人が織りなして仕事をしていく。それには相手が今どんな状況にいるかを知る、そうした現状を受け入れると、結局は思いやりがベースになければいけない。どんなに良いお話を頂いても、上手くやっていくことは出来ないと思ったのです。

もちろん思いやりの表し方は色々です。けれども自分の中に優しさや思いやりというベースがきちんとある人は、抵抗すべきところで抵抗するし、失敗した時は誰かが助けてくれる。良い仕事をやり遂げることが出来るはずです。

優しさって案外、忘れがちです。最近のような世の中では特にそう感じます。そうした自分の置かれた状況に感謝する気持ちもあってほしい。全てはそこから成り立つ気がします。自分という人間は一人で生まれた訳ではないし、産んでもらった親に感謝する気持ちのない人が、どうして良い仕事が出来るだろう？ そんなことを、ここ数年で改めて思いました。

それはアーティストも我々スタッフも同じ。どんな仕事にも大変なことはあるものですが、自分とは距離の遠い人に対しても思いやりを持てる人というのが、結局は人として成長していくのだと思います。自分の中の品格とか清潔感とか個性を意識しながら仕事に向き合う、その姿勢が人の成長を促す。仕事を通じてみんなが人間として成長出来ることを目指したいですから。

マネージャーも、会社の看板

マネージャーの仕事をしていると、色々な〝球〟が飛んできます。身内でもないアーティストと向き合い、生活のほぼ全般で関わっていくので、人としての成長のスピードは速いと言えるかもしれません。俳優がよく「自分以外の人生を生きられるのが面白い」と言いますが、マネージャーもそう。担当として向き合うアーティストの人生を生きられる。私自身「自分は木村佳乃にはなれないけれど、木村佳乃の人生を生きている」、そう思っていました。それで、なんて面白いのだろう！ 私は渡邊万由美なのに！ と。

それでいてマネージャー自身も個性を自覚し、それを磨いて外に出ていく必要があります。マネージャーが現場で自分を売り込んでいかなければ覚えてもらえないし、その結果、アーティストにプラスとなるような良い情報を得られない。アーティストに、還元することが出来ません。裏方だから個性なんて関係ない、ではなくて。そういう意味ではマネージャーもアーティストと同じ、会社の看板なのです。

トップコートを構成する要素としても、両方が同じだけ大事です。それぞれが納得した仕事が出来て初めて、視聴率とか興行収入とか売れ行きのようなものに左右されない実感を伴い、お互いの満足度が満たされます。それはアーティストとマネージャーが同じ目線で対等に向き合って仕事が出来た時だと思います。

魂は、現場に宿る

現場でクリエイトしている人間が、ユーザーの一番近いところにいます。スタッフと直接仕事をするのは現場マネージャーやチーフマネージャーで、そこにいる人達がその感性で、現場からどういう情報をキャッチしていくか？　それが全てじゃないかと思うのです。

私自身、実は現場がとっても好きです。マネージャーをしていた頃には現場で色々なことを学びましたし、とても楽しい場所であることを知っています。モノ作りの命、魂が宿るのは現場なのです。だからこそ、現場に近しい人間の判断を優先するのが一番に思えます。「上層部がそう決めたので」と言われるより、アーティストとの信頼関係に繋がるのではないかと思うのです。せっかく何年も現場に寄り添ってくれている訳ですから。

エンターテイメントは終わらない

今、まさに「メタバース」という仮想空間が流行っていて、3次元のバーチャル空間でアバターと呼ばれる自分の分身を使い、画面の中でもうひとつの現実を生きられる時代になっています。でもマネージャーは、それをとっくにリアルな現実でやっている訳です。自分ではない人間の人生を歩む、28年前に木村と出会って二人三脚をしていた時に、そう思いました。

なかなか理解されない部分もあるかと思いますが、人が人を育てる尊い仕事です。また、結果がどう出るのかわからないサイコロゲームのような要素もあります。時代の変化とともに、色々なアーティストが次々と出てくるでしょうし、マネージャーという役割は一生やり続けられる、本当の意味で終わりがない職業だと思います。

本著を通して、マネージャーという仕事の面白さを少しでも味わっていただきたい。そして、才能ある輝くアーティストと、新しいエンターテイメントの世界を一緒に作りませんか？　みなさんのチャレンジを楽しみにしています。

企画：株式会社TopCoat
インタビュー・文：浅見祥子
装丁：古田雅美（opportune design Inc.）
イラスト：タイマタカシ
校正：草樹社
DTP制作：上山緩之（アレックス）
編集：船田恵

『芸能マネージャーが自分の半生をつぶやいてみたら』
株式会社TopCoat 著

2023年10月5日　初版発行

発行者：横内正昭
発行所：株式会社ワニブックス
〒150-8482 東京都渋谷区恵比寿4-4-9 えびす大黒ビル

印刷所：大日本印刷株式会社

ISBN 978-4-8470-7351-9